CW00403481

Fromont Jeune Et Risler Aine: Moeurs Parisiennes...

Alphonse Daudet

Nabu Public Domain Reprints:

You are holding a reproduction of an original work published before 1923 that is in the public domain in the United States of America, and possibly other countries. You may freely copy and distribute this work as no entity (individual or corporate) has a copyright on the body of the work. This book may contain prior copyright references, and library stamps (as most of these works were scanned from library copies). These have been scanned and retained as part of the historical artifact.

This book may have occasional imperfections such as missing or blurred pages, poor pictures, errant marks, etc. that were either part of the original artifact, or were introduced by the scanning process. We believe this work is culturally important, and despite the imperfections, have elected to bring it back into print as part of our continuing commitment to the preservation of printed works worldwide. We appreciate your understanding of the imperfections in the preservation process, and hope you enjoy this valuable book.

Aux deux Poètes

JULES & LÉONIDE ALLARD

TÉMOIGNAGE

DE

Mon Affection et de mon Respect filial

I

FROMONT JEUNE

ET

RISLER AINÉ

REESE LIBRARY
OF THE
UNIVERSITY
OF
CALIFORNIA.

LIVRE PREMIER

I

UNE NOCE CHEZ VÉFOUR

ADAME Chèbe !
— Mon garçon ?...
— Je suis content...

C'était bien la vingtième fois de la journée que le brave Risler disait qu'il était content, et toujours du même air attendri et paisible, avec la même voix lente, sourde, profonde cette voix qu'étreint l'émotion et qui n'ose pas parler trop haut de peur de se briser tout à coup dans les larmes.

Pour rien au monde, Risler n'aurait voulu pleurer en ce moment, — voyez-vous ce marié s'attendrissant en plein repas de noces! — Pourtant il en avait bien envie. Son bonheur l'étouffait, le tenait par la gorge, empêchait les mots de sortir. Tout ce qu'il pouvait faire, c'était de murmurer de temps en temps avec un petit tremblement de lèvres : « Je suis content... Je suis content... »

Il avait de quoi l'être, en effet.

Depuis le matin, le pauvre homme se croyait emporté par un de ces rêves magnifiques dont on craint de se réveiller subitement, les yeux éblouis; mais son rêve, à lui, ne semblait jamais devoir finir. Cela avait commencé à cinq heures du matin, et à dix heures du soir, dix heures très précises à l'horloge de Véfour, cela durait encore...

Que de choses dans cette journée, et comme les moindres détails lui restaient présents !

Il se voyait au petit jour, arpentant sa chambre de vieux garçon dans une joie mêlée d'impatience, la barbe déjà faite, l'habit passé, deux paires de gants blancs en poche... Maintenant voici les voitures de gala, et dans la première, là-bas — celle qui a des chevaux blancs, des guides blanches, une doublure de

damas jaune — la parure de la mariée s'apercevant comme un nuage... Puis l'entrée à
l'église, deux par deux, toujours le petit nuage
blanc en tête, flottant, léger, éblouissant...
L'orgue, le suisse, le sermon du curé, les
cierges éclairant des bijoux, des toilettes de
printemps... Et cette poussée de monde à la
sacristie, le petit nuage blanc, perdu, noyé,
entouré, embrassé, pendant que le marié dis-
tribue des poignées de main à tout le haut
commerce parisien venu là pour lui faire honneur... Et le grand coup d'orgue de la fin,
plus solennel à cause de la porte de l'église
large ouverte qui fait participer la rue entière
à la cérémonie de famille, les sons passant le
porche en même temps que le cortège, les
exclamations du quartier, une brunisseuse en
grand tablier de lustrine disant tout haut :
« Le marié n'est pas beau, mais la mariée est
crânement gentille... » C'est cela qui vous rend
fier quand on est le marié !...

Ensuite le déjeuner à la fabrique, dans un
atelier orné de tentures et de fleurs, la promenade au bois, une concession faite à la belle-
mère, Mᵐᵉ Chèbe, qui, en sa qualité de petite
bourgeoise parisienne, n'aurait pas cru sa fille
mariée sans un tour de lac ni une visite à la
cascade... Puis la rentrée pour le dîner, pendant que les lumières s'allumaient sur le boule-

vard, où les gens se retournaient pour voir
passer la noce, une vraie noce cossue, menée
au train de ses chevaux de louage jusqu'à l'escalier de Véfour.

Il en était là de son rêve.

A cette heure, engourdi de fatigue et de
bien-être, le bon Risler regardait vaguement
cette immense table de quatre-vingts couverts,
terminée aux deux bouts par un fer à cheval,
surmontée de visages souriants et connus, où
il lui semblait voir son bonheur reflété dans
tous les yeux. On arrivait à la fin du dîner. La
houle des conversations particulières flottait
tout autour de la table. Il y avait des profils
tournés l'un vers l'autre, des manches d'habit
noir derrière des corbeilles d'asclépias, une
mine rieuse d'enfant au-dessus d'une glace aux
fruits ; et le dessert au niveau des visages entourait toute la nappe de gaieté, de couleurs, de
lumières.

Oh ! oui, Risler était content.

A part son frère Frantz, tous ceux qu'il
aimait se trouvaient là. D'abord, en face de lui,
Sidonie, hier la petite Sidonie, aujourd'hui sa
femme. Pour dîner, elle avait quitté son voile,
elle était sortie de son nuage. A présent, de la
robe de soie toute blanche et unie, montait un
joli visage d'un blanc plus mat et plus doux,
et la couronne de cheveux — au-dessous de

l'autre couronne si correctement tressée —
vous avait des révoltes de vie, des reflets de
petites plumes ne demandant qu'à s'envoler.
Mais les maris ne voient pas ces choses-là.

Après Sidonie et Frantz, ce que Risler aimait
le plus au monde, c'était madame Georges Fromont, celle qu'il appelait « madame Chorche, »
la femme de son associé, la fille de défunt
Fromont, son ancien patron et son dieu. Il
l'avait mise près de lui, et dans sa façon de lui
parler on sentait de la tendresse et de la défé-
rence. C'était une toute jeune femme, à peu
près du même âge que Sidonie, mais d'une
beauté plus correcte, plus tranquille. Elle cau-
sait peu, dépaysée dans ce monde mêlé,
s'efforçant pourtant d'y paraître aimable.

De l'autre côté de Risler se tenait Mme Chèbe,
la mère de la mariée, qui rayonnait, éclatait
dans sa robe de satin vert luisante comme un
bouclier. Depuis le matin, toutes les pensées de
la bonne femme étaient aussi brillantes que
cette robe de teinte emblématique. A tout moment elle se disait à elle-même : « Ma fille
épouse Fromont jeune et Risler aîné de la rue
des Vieilles-Haudriettes !... » Car, dans son
esprit, ce n'était pas Risler aîné seul que sa
fille épousait, c'était toute l'enseigne de la
maison, cette raison sociale fameuse dans le
commerce de Paris ; et chaque fois qu'elle

l'enragé petit homme avait près de lui son ami Delobelle, vieux comédien en retrait d'emploi, qui l'écoutait avec sa physionomie placide et majestueuse des grands jours. On a beau être éloigné du théâtre depuis quinze ans par la mauvaise volonté des directeurs, on trouve encore, quand il faut, des attitudes scéniques appropriées aux événements. C'est ainsi que, ce soir-là, Delobelle avait sa tête des jours de noces, mine demi-sérieuse, demi-souriante, condescendante aux petites gens, à la fois aisée et solennelle. On eût dit qu'il assistait, en vue de toute une salle de spectacle, à un festin de premier acte autour de mets en carton, et il avait d'autant plus l'air de jouer un rôle, ce fantastique Delobelle, que comptant bien qu'on utiliserait son talent dans la soirée, mentalement, depuis qu'on était à table, il repassait les plus beaux morceaux de son répertoire, ce qui donnait à sa figure une expression vague, factice, détachée, cet air faussement attentif du comédien en scène, feignant d'écouter ce qu'on lui dit, mais ne pensant tout le temps qu'à sa réplique.

Chose singulière, la mariée, elle aussi, avait un peu de cette expression. Sur ce jeune et joli visage, que le bonheur animait sans l'épanouir, une préoccupation secrète apparaissait; et, par moments, comme si elle s'était parlé à elle-même, le frétillement d'un sourire passait au coin de sa lèvre.

C'est avec ce petit sourire qu'elle répondait aux plaisanteries un peu gaillardes du grand-père Gardinois, assis à sa droite :

— Cette Sidonie, tout de même !... disait le bonhomme en riant... Quand je pense qu'il n'y a pas deux mois elle parlait d'entrer dans un couvent... On les connaît leurs couvents à ces fillettes !... C'est comme on dit chez nous : *le couvent de Saint-Joseph, quatre sabots sous le lit !*...

Et tout le monde autour de la table riait de confiance aux farces campagnardes de ce vieux paysan berrichon, à qui une fortune colossale tenait lieu, dans la vie, de cœur, d'instruction, de bonté, mais non d'esprit ; car il en avait, le finaud, et plus que tous ces bourgeois ensemble. Parmi les gens très rares qui lui inspiraient quelques sympathies, cette petite Chèbe, qu'il avait connue toute gamine, lui plaisait tout particulièrement ; et elle, de son côté, trop récemment riche pour ne pas vénérer la fortune, parlait à son voisin de droite avec une nuance très remarquée de respect et de coquetterie.

Pour celui de gauche, au contraire, Georges Fromont, l'associé de son mari, elle se montrait pleine de réserve. Leur conversation se bornait à des politesses de table, et même il y avait entre eux comme une affectation d'indifférence.

Tout à coup il se fit parmi les convives ce petit frémissement qui annonce qu'on va se lever, un bruit de soie, de chaises, le dernier mot des conversations, l'achèvement des rires; et dans ce demi-silence, Mme Chèbe, devenue communicative, disait très haut à un cousin de province en extase devant le maintien réservé et si tranquille de la nouvelle mariée debout en ce moment au bras de M. Gardinois :

— Voyez-vous, cousin, cette enfant-là... Personne n'a jamais pu savoir ce qu'elle pensait.

Alors tout le monde se leva et on passa dans le grand salon.

Pendant que les invités du bal arrivaient en foule se mêler aux invités du dîner, que l'orchestre s'accordait, que les valseurs à lorgnon faisaient la roue devant les toilettes blanches des petites demoiselles impatientes, le marié, intimidé par tout ce monde, s'était réfugié avec son ami Planus — Sigismond Planus, caissier de la maison Fromont depuis trente ans — dans cette petite galerie ornée de fleurs, tapissée d'un papier de bosquet à feuillage grimpant qui fait comme un fond de verdure aux salons dorés de Véfour. Là, du moins, ils étaient seuls, ils pouvaient causer :

— Sigismond, mon vieux... je suis content...

Et Sigismond aussi était content ; mais Risler ne lui laissait pas le temps de le dire. Maintenant qu'il n'avait plus peur de pleurer devant le monde, toute la joie de son cœur débordait :

— Pense donc, mon ami !... C'est si extraordinaire qu'une jeune fille comme elle ait bien voulu de moi. Car enfin, je ne suis pas beau. Je n'avais pas besoin que cette effrontée de ce matin me le dise pour le savoir. Puis j'ai quarante-deux ans... Elle qui est si mignonne !... Il y en avait tant d'autres qu'elle pouvait choisir, des plus jeunes, des plus huppés, sans parler de mon pauvre Frantz, qui l'aimait tant... Eh bien ! non, c'est son vieux Risler qu'elle a voulu... Et cela s'est fait si drôlement... Depuis longtemps je la voyais triste, toute changée. Je pensais bien qu'il y avait quelque chagrin d'amour là-dessous... Avec la mère, nous cherchions, nous nous creusions la tête pour savoir qui ça pouvait être... Voilà qu'un matin Mme Chèbe entre dans ma chambre et me dit en pleurant : « C'est vous qu'elle aime, mon pauvre ami !... » Et c'était moi... c'était moi... Hein ? qui se serait jamais douté d'une chose pareille ? Et dire que dans la même année j'ai eu ces deux grandes fortunes... Associé de la maison Fromont et marié à Sidonie... Oh !

Avec sa parfaite ignorance des femmes et l'habitude qu'il avait de traiter Sidonie comme une enfant, Risler continua du même ton :

— Prends modèle sur elle, vois-tu petite... Il n'y en a pas deux au monde comme Mme Chorche. C'est tout le cœur de son pauvre père... Une vraie Fromont !...

Sidonie, les yeux baissés, s'inclinait sans rien répondre, avec un frisson imperceptible qui courait du bout de sa bottine de satin au dernier brin d'oranger de sa couronne. Mais le brave Risler ne voyait rien. L'émotion, le bal, la musique, toutes ces fleurs, toutes ces lumières... Il était ivre, il était fou. Cette atmosphère de bonheur incomparable qui l'entourait, il croyait que tous les autres la respiraient comme lui. Il ne sentait pas les rivalités, les petites haines qui se croisaient au-dessus de tous ces fronts parés.

Il ne voyait pas Delobelle accoudé à la cheminée, las de son attitude éternelle, une main dans le gilet, le chapeau sur la hanche, pendant que les heures s'écoulaient sans que personne songeât à utiliser ses talents. Il ne voyait pas M. Chèbe, qui se morfondait sombrement entre deux portes, plus furieux que jamais contre les Fromont... Oh ! ces Fromont !... Quelle place ils tenaient à cette noce... Ils étaient là tous, avec leurs femmes, leurs enfants,

leurs amis, les amis de leurs amis... On aurait
dit le mariage de l'un d'eux... Qui parlait des
Risler ou des Chèbe?... On ne l'avait pas
même présenté, lui, le père!... Et ce qui redoublait la fureur du petit homme, c'était l'attitude de Mme Chèbe souriant maternellement
à tout le monde dans sa robe à reflets de sca-
rabée.

D'ailleurs il se trouvait là, comme à presque
toutes les noces, deux courants bien distincts
qui se frôlaient sans se confondre. L'un des
deux fit bientôt place à l'autre. Ces Fromont
qui irritaient tant M. Chèbe et qui formaient
l'aristocratie du bal, le président de la Chambre
de commerce, le syndic des avoués, un fameux
chocolatier député au Corps législatif, le vieux
millionnaire Gardinois, tous se retirèrent un
peu après minuit. Derrière eux, Georges Fromont et sa femme remontèrent dans leur
coupé. Il ne resta plus que le côté Risler et
Chèbe, et aussitôt la fête, changeant d'aspect,
devint plus bruyante.

L'illustre Delobelle, fatigué de voir qu'on ne
lui demandait rien, s'était décidé à se demander
quelque chose à soi-même, et commençait
d'une voix retentissante comme un gong le
monologue de Ruy-Blas : « Bon appétit, messieurs!... » pendant qu'on se pressait au buffet
devant les chocolats et les verres de punch. De

petites toilettes économiques s'étalaient sur les banquettes, heureuses de faire enfin leur effet, et çà et là des petits jeunes gens de boutique, dévorés de gandinerie, s'amusaient à risquer un quadrille. Depuis longtemps la mariée voulait partir. Enfin elle disparut avec Risler et Mme Chèbe. Quant à M. Chèbe, qui avait recouvré toute son importance, impossible de l'emmener. Il fallait quelqu'un pour faire les honneurs, que diantre!... Et je vous réponds que le petit homme s'en chargeait! Il était rouge, allumé, fringant, turbulent, presque séditieux. D'en bas, on l'entendait causer politique avec le maître-d'hôtel de Véfour et tenir des propos d'une hardiesse...

... Par les rues désertes, la voiture de noces, dont le cocher alourdi tenait les brides blanches un peu lâches, roulait lourdement vers le Marais.

Mme Chèbe parlait beaucoup, énumérant toutes les splendeurs de ce jour mémorable, s'extasiant surtout sur le dîner dont la carte banale avait été pour elle la plus haute expression du luxe. Sidonie rêvait dans l'ombre de la voiture, et Risler, assis en face d'elle, s'il ne disait plus : « Je suis content... » le pensait en lui-même de tout son cœur. Une fois il essaya de prendre une petite main blanche qui s'appuyait contre la glace relevée, mais elle se

femme allait s'installer au-dessus d'eux. L'habitation avait grand air. Ici le commerce riche se vengeait de la rue noire, du quartier perdu. Il y avait un tapis dans l'escalier jusque chez eux, des fleurs dans leur antichambre, partout des blancheurs de marbres, des reflets de glaces et de cuivres polis.

Pendant que Risler promenait sa joie par toutes les pièces de l'appartement neuf, Sidonie resta seule dans sa chambre. A la lueur de la petite lampe bleue suspendue au plafond, elle jeta d'abord un coup d'œil à la glace qui la reflétait de la tête aux pieds, à tout ce luxe jeune, si nouveau pour elle ; puis, au lieu de se coucher, elle ouvrit la fenêtre et resta immobile, appuyée au balcon.

La nuit était claire et tiède. Elle voyait distinctement la fabrique tout entière, ses innombrables fenêtres sans persiennes, ses vitres luisantes et hautes, sa longue cheminée se perdant dans la profondeur du ciel, et plus près ce petit jardin luxueux adossé au vieux mur de l'ancien hôtel. Tout autour, des toits tristes et pauvres, des rues noires, noires... Soudain elle tressaillit. Là-bas, dans la plus sombre, dans la plus laide de toutes ces mansardes qui se serraient, s'appuyaient les unes aux autres comme trop lourdes de misères, une fenêtre au cinquième étage s'ouvrait toute grande, pleine de nuit. Elle la

formait comme un grand couloir, haut de plafond, protégé du côté de l'escalier par la rampe
en fer forgé, éclairé par une large fenêtre d'où
l'on voyait des toits, des cours, d'autres fenêtres,
et, plus loin, le jardin de l'usine Fromont appa-
raissant comme un coin vert dans l'intervalle
des vieux murs gigantesques.

Tout cela n'avait rien de bien gai, mais l'enfant se plaisait là beaucoup mieux que chez
elle. Leur intérieur était si triste, surtout quand
il pleuvait et que Ferdinand ne sortait pas.

Cerveau toujours fumant d'idées nouvelles
qui, par malheur, n'aboutissaient jamais, Ferdinand Chèbe était un de ces bourgeois pares-
seux et à projets comme il y en a tant à
Paris. Sa femme, qu'il avait d'abord éblouie,
s'était vite aperçue de sa nullité et avait fini
par supporter patiemment et du même air ses
rêves de fortune continuels et les déconvenues
qui suivaient immédiatement.

Des quatre-vingt mille francs de dot apportés
par elle et gaspillés par lui dans des entreprises
ridicules, il ne leur restait qu'une petite rente
qui les posait encore vis-à-vis des voisins, comme
le cachemire de Mme Chèbe, sauvé de tous
les naufrages, ses dentelles de noces, et deux
boutons en brillants, très petits, très modestes,
que Sidonie suppliait parfois sa mère de lui
montrer au fond du tiroir de commode, dan

un antique écrin de velours blanc, où le nom du bijoutier s'effaçait en lettres dorées vieilles de trente ans. C'était là l'unique luxe de ce pauvre logis de rentiers.

Longtemps, bien longtemps, M. Chèbe avait cherché une place qui lui permît de mettre quelque chose au bout de leurs petites rentes. Mais cette place, il ne la cherchait que dans ce qu'il appelait le *commerce debout,* sa santé s'opposant à toute occupation assise.

Il paraît, en effet, qu'aux premiers temps de son mariage, alors qu'il était dans les grandes affaires et qu'il avait à lui un cheval et un tilbury pour les courses de la maison, le petit homme avait fait un jour une chute de voiture considérable. Cette chute, dont il parlait à tout propos, servait d'excuse à sa paresse.

On ne restait pas cinq minutes avec M. Chèbe sans qu'il vous dît d'un ton confidentiel :

— Vous connaissez l'accident arrivé au duc d'Orléans ?...

Et il ajoutait en tapant sur son petit crâne déplumé :

— Le pareil m'est arrivé dans ma jeunesse.

Depuis cette fameuse chute, tout travail de bureau lui donnait des éblouissements, et il s'était vu fatalement relégué dans le *commerce debout.* C'est ainsi qu'il avait été tour à tour courtier en vins, en librairie, en truffes, en hor-

4

logerie, et bien d'autres choses encore. Malheureusement, il se lassait, ne trouvait jamais sa
position suffisante pour un ancien commerçant
à tilbury, et, petit à petit, à force de juger
toute occupation au-dessous de lui, il était
devenu vieux, incapable, un véritable oisif
prenant le goût de la flâne, un badaud.

On a beaucoup reproché aux artistes leurs
bizarreries, leurs caprices de nature, cette horreur
du convenu qui les jette dans des sentiers à
côté; mais qui dira jamais toutes les fantaisies
ridicules, toutes les excentricités niaises dont un
bourgeois inoccupé peut arriver à combler le
vide de sa vie? M. Chèbe se faisait certaines
lois de sorties, de promenades. Tout le temps
qu'on construisit le boulevard Sébastopol, il
allait voir deux fois par jour si « ça avançait. »

Personne ne connaissait mieux que lui les
magasins en renom, les spécialités; et bien souvent Mᵐᵉ Chèbe, impatientée de voir aux vitres
la tête niaise de son mari pendant qu'elle reprisait activement le linge de la maison, se débar-
rassait de lui en l'envoyant là-bas... « Tu sais
bien, là-bas, au coin de la rue Chose, où l'on
vend de si bonnes brioches... Ça nous fera un
dessert pour dîner. »

Et le mari s'en allait, prenait le boulevard,
flânait aux boutiques, attendait l'omnibus, passait la moitié de la journée dehors pour deux

brioches de trois sous qu'il rapportait triompha-
lement en s'épongeant le front.

M. Chèbe adorait l'été, les dimanches, les
grandes courses à pied dans la poussière de
Clamart ou de Romainville, le train des fêtes,
de la foule. Il était de ceux qui allaient con-
templer toute une semaine avant le 15 août les
lampions noirs, les ifs, les échafaudages. Et sa
femme ne s'en plaignait pas. Au moins elle
n'avait plus là cet éternel geigneur rôdant des
journées entières autour de sa chaise avec des
projets d'entreprises gigantesques, des combinaisons ratées d'avance, des retours sur le passé,
la rage de ne pas gagner d'argent.

Elle non plus n'en gagnait pas, la pauvre
femme; mais elle savait si bien l'épargner, sa
merveilleuse économie suppléait tellement à
tout, que jamais la misère, voisine de cette
grande gêne, n'était parvenue à entrer dans ces
trois chambres toujours propres, à détruire les
effets soigneusement reprisés, les vieux meubles
cachés sous leurs housses.

En face de la porte des Chèbe, dont le
bouton de cuivre luisait bourgeoisement sur le
carré, il s'en ouvrait deux autres plus petites.

Sur la première, une carte de visite, fixée par
quatre clous, selon l'habitude des artistes industriels, portait le nom de « *Risler, dessinateur de
fabrique.* » L'autre avait une petite plaque de

cuir bouilli et cette suscription en lettres dorées :

Mmes DELOBELLE

OISEAUX ET MOUCHES POUR MODES

La porte des Delobelle était souvent ouverte
et montrait une grande pièce carrelée où deux
femmes, la mère et la fille, presque une enfant,
aussi pâles, aussi fatiguées l'une que l'autre, tra-
vaillaient à un de ces mille petits métiers fan-
taisistes dont se compose ce qu'on appelle l'article de Paris.

C'était alors la mode d'orner les chapeaux,
les robes de bal, avec ces jolies bestioles de
l'Amérique du Sud, aux couleurs de bijoux, aux
reflets de pierres précieuses. Les dames Delobelle avaient cette spécialité.

Une maison de gros, à qui les envois arrivaient directement des Antilles, leur adressait,
sans les ouvrir, de longues caisses légères, dont
le couvercle, en s'arrachant, laissait monter une
odeur fade, une poussière d'arsenic, où luisaient
les mouches empilées, piquées d'avance, les
oiseaux serrés les uns contre les autres, les ailes
retenues par une bande de papier fin. Il fallait
monter tout cela, faire trembler les mouches
sur des fils de laiton, ébouriffer les plumes des

colibris, les lustrer, réparer d'un fil de soie la brisure d'une patte de corail, mettre à la place des yeux éteints deux perles brillantes, rendre à l'insecte ou à l'oiseau son attitude de grâce et de vie.

La mère préparait l'ouvrage sous la direction de sa fille; car Désirée, toute jeune encore, avait un goût exquis, des inventions de fée, et personne ne savait comme elle appliquer deux yeux de perles sur ces petites têtes d'oiseaux, déployer leurs ailes engourdies.

Boiteuse depuis l'enfance, par suite d'un accident qui n'avait nui en rien à la grâce de son visage régulier et fin, Désirée Delobelle devait à son immobilité presque forcée, à sa paresse continuelle de sortir, une certaine aristocratie de teint, des mains plus blanches. Toujours coquettement coiffée, elle passait ses journées au fond d'un grand fauteuil, devant sa table encombrée de gravures de modes, d'oiseaux de toutes les couleurs, trouvant dans l'élégance capricieuse et mondaine de son métier l'oubli de sa propre détresse et comme une revanche de sa vie disgraciée.

Elle songeait que toutes ces petites ailes allaient s'envoler de sa table immobile pour entreprendre de vrais voyages autour du monde parisien, étinceler dans les fêtes, sous les lustres; et rien qu'à la façon dont elle plantait ses

dans un théâtre de troisième ordre, mais Delobelle ne voulait pas se galvauder.

Il aimait mieux, attendre, lutter, comme il disait !... Et voici de quelle façon il entendait la lutte.

Le matin dans sa chambre, souvent même dans son lit, il repassait des rôles de son ancien répertoire ; et les dames Delobelle frissonnaient en entendant résonner derrière la cloison des tirades d'*Antony* ou du *Médecin des enfants,* déclamées par une voix ronflante, qui se mêlait aux mille bruits de métiers de la grande ruche parisienne. Puis, après le déjeuner, le comédien sortait jusqu'à la nuit, allait faire « son boulevard, » c'est-à-dire se promener à tout petits pas entre le Château-d'Eau et la Madeleine, le cure-dents au coin de la bouche, le chapeau un peu incliné, toujours ganté, brossé, reluisant.

Cette question de la tenue avait pour lui beaucoup d'importance. C'était une de ses plus grandes chances de réussite, l'appât pour le directeur, — ce fameux directeur intelligent, — à qui l'idée ne serait jamais venue d'engager un homme râpé, mal mis.

Aussi les dames Delobelle veillaient soigneusement à ce que rien ne lui manquât ; et vous pensez s'il en fallait des oiseaux et des mouches pour arriver à nipper un gaillard de cette carrure ! Le comédien trouvait cela très naturel.

avait glissé des jeunes premiers aux grands premiers rôles, puis aux financiers, puis aux pères nobles, puis aux ganaches...

Il s'y tenait !

A deux ou trois reprises, on lui avait procuré le moyen de gagner sa vie en essayant de le placer comme gérant d'un cercle ou d'un café, surveillant dans de grands magasins, aux *Phares de la Bastille,* au *Colosse de Rhodes.* Il suffisait pour cela d'avoir de bonnes manières. Delobelle n'en manquait pas, grands dieux !... Ce qui n'empêche pas qu'à toutes les propositions qu'on lui faisait, le grand homme opposait un refus héroïque :

— Je n'ai pas le droit de renoncer au théâtre !... disait-il.

Dans la bouche de ce pauvre diable, qui n'avait pas mis les pieds sur les planches depuis des années, c'était irrésistiblement comique. Mais on n'avait plus envie de rire quand on voyait sa femme et sa fille avaler nuit et jour de la poussière d'arsenic, et qu'on les entendait répéter énergiquement en cassant leurs aiguilles sur le laiton des petits oiseaux :

— Non ! non ! M. Delobelle n'a pas le droit de renoncer au théâtre.

Heureux homme, à qui ses yeux à fleur de tête, toujours souriant d'un air de condescendance, son habitude de régner dans les drames,

5

avaient fait pour toute la vie cette position exceptionnelle d'un roi-enfant gâté et admiré ! Lorsqu'il sortait de chez lui, les boutiquiers de la rue des Francs-Bourgeois, avec cette prédilection des Parisiens pour tout ce qui touche au théâtre, le saluaient respectueusement. Il était toujours si bien mis ! Et puis si bon, si complaisant... Quand on pense que tous les samedis soirs, lui, Ruy-Blas, Antony, Raphaël des *Filles de marbre,* Andrès des *Pirates de la Savane,* s'en allait, un carton de modiste sous le bras, rapporter l'ouvrage de ses femmes dans une maison de fleurs de la rue Saint-Denis...

Eh bien ! même en s'acquittant d'une commission pareille, ce diantre d'homme avait tant de noblesse, de dignité naturelle, que la demoiselle chargée de vérifier le compte Delobelle était très embarrassée pour remettre à un gentleman aussi irréprochable la petite semaine laborieusement gagnée.

Ces soirs-là, par exemple, le comédien ne rentrait pas dîner chez lui. Ces dames étaient prévenues. Il rencontrait toujours sur le boulevard un vieux camarade, un déveinard comme lui, — il y en a tant dans ce sacré métier, — à qui il payait le restaurant, le café... Puis, très fidèlement, et on lui en savait gré, il rapportait le reste de l'argent à la maison, quelquefois un bouquet à sa femme, un petit cadeau pour

Désirée, un rien, une bêtise. Que voulez-vous? Ce ·sont là les habitudes du théâtre. On a si vite fait dans les mélodrames de jeter une poignée de louis par la fenêtre :

— Tiens! drôle, prends cette bourse, et va dire à ta maîtresse que je l'attends.

Aussi, malgré leur grand courage, et quoique leur métier fût assez lucratif, les dames Delobelle se trouvaient souvent gênées, surtout aux époques de morte-saison pour l'article de Paris.

Heureusement, le bon Risler était là, toujours prêt à obliger ses amis.

Guillaume Risler, le troisième locataire du carré, habitait avec son frère Frantz, plus jeune que lui d'une quinzaine d'années. Ces deux Suisses, grands, blonds, forts, colorés, apportaient dans l'air étouffé de la sombre maison ouvrière des mines de campagne et de santé. L'aîné était dessinateur à la fabrique Fromont et payait les mois de collège de son frère, qui suivait les cours de Chaptal, en attendant d'entrer à l'École centrale.

En arrivant à Paris, tout embarrassé de l'installation de son petit ménage, Guillaume avait trouvé dans le voisinage des dames Chèbe et Delobelle des conseils, des renseignements, une aide indispensable à ce garçon naïf, timide, un peu lourd, gêné par son accent et par son air

étrangers. Au bout de quelque temps de voisinage et de services mutuels, les frères Risler
faisaient partie des deux familles.

Aux jours de fête, leurs couverts étaient toujours mis dans l'un ou l'autre endroit, et c'était
un grand contentement pour ces deux dépatriés
de trouver en ces pauvres ménages, si modestes,
si gênés qu'ils fussent, un coin de tendresse et
de vie familiale. Les appointements du dessinateur, très habile dans son métier, lui permettaient de rendre service aux Delobelle au
moment du terme, d'arriver chez les Chèbe en
grand-oncle, toujours chargé de surprises, de
cadeaux, si bien que la petite, dès qu'elle l'apercevait, courait à ses poches, grimpait sur ses
genoux.

Le dimanche, il emmenait tout le monde au
théâtre ; et, presque tous les soirs, il allait avec
M. Chèbe et Delobelle dans une brasserie de la
rue Blondel où il les régalait de bière et de
brachtels salés. La bière et le *prachtel,* c'était
son vice.

Pour lui, il n'avait pas de plus grand bonheur
que d'être assis devant une chope entre ses
deux amis et de les écouter causer, en ne se
mêlant que par un gros rire ou un hochement
de tête à leur conversation, en général un long
débordement de plaintes contre la société.

Une timidité d'enfant, des germanismes de

comme une terre promise, le pays de ses rêves.

Cette maison Fromont était pour elle le dernier mot de la richesse.

La place qu'elle tenait dans tout ce coin du Marais, enveloppé à certaines heures de sa fumée et de son train d'usine, l'enthousiasme de Risler, ses récits fabuleux sur la fortune, la bonté, l'habileté de son patron, avaient éveillé cette curiosité d'enfant ; et ce qu'on pouvait voir des bâtiments d'habitation, les stores fins en bois découpé, le perron arrondi devant lequel se rangeaient des meubles de jardin, une grande volière de laiton blanc qui brillait au soleil traversée de fils dorés, le coupé bleu attelé dans la cour, étaient autant d'objets pour sa constante admiration.

Elle connaissait toutes les habitudes de la maison : l'heure à laquelle on sonnait la cloche, la sortie des ouvriers, les samedis de paye qui tenaient la petite lampe du caissier allumée bien avant dans la soirée, et les longues après-midi du dimanche, les ateliers fermés, la cheminée éteinte, ce grand silence qui rapprochait d'elle les jeux de Mlle Claire, courant dans le jardin avec son cousin Georges. Par Risler, elle avait des détails.

— Montre-moi les fenêtres du salon, lui disait-elle... Et la chambre de Claire ?...

Risler, enchanté de cette sympathie extraor-

— Elle a du sang de comédien dans les veines!... disait le vieil acteur enthousiasmé; et sans savoir pourquoi ce grand dadais de Frantz avait envie de pleurer...

Un an encore après cette heureuse soirée, on aurait pu demander à Sidonie quelles fleurs décoraient les antichambres, la couleur des meubles, l'air de danse qu'on jouait au moment de son entrée au bal, tant l'impression de son plaisir avait été profonde. Elle n'oublia rien, ni les costumes qui tourbillonnaient autour d'elle, ni ces rires d'enfants, ni tous ces petits pas qui se pressaient sur les parquets glissants. Un moment, assise au bord d'un grand canapé de soie rouge, pendant qu'elle prenait sur le plateau tendu devant elle le premier sorbet de sa vie, elle songea tout à coup à l'escalier noir, au petit appartement sans air de ses parents, et cela lui fit l'effet d'un pays lointain, quitté pour toujours.

Du reste, elle fut trouvée ravissante, admirée et choyée de tous. Claire Fromont, une miniature de Cauchoise toute en dentelles, la présenta à son cousin Georges, un magnifique hussard qui se retournait à chaque pas pour voir l'effet de sa sabretache:

— Tu entends, Georges, c'est mon amie!... Elle viendra jouer avec nous, le dimanche... Maman l'a permis.

Et dans l'expansion naïve d'une enfant heureuse, elle embrassait la petite Chèbe de tout son cœur.

Pourtant, il fallut partir... Longtemps encore, dans la rue noire où la neige fondait, dans l'escalier éteint, dans la chambre endormie où l'attendait sa mère, la lumière éclatante des salons brilla devant ses yeux éblouis.

— Était-ce beau?... t'es-tu bien amusée? lui demandait tout bas Mme Chèbe en défaisant une à une les agrafes du brillant costume.

Et Sidonie, accablée de fatigue, s'endormait debout sans répondre, commençant un beau rêve, qui devait durer toute sa jeunesse et lui coûter bien des larmes.

Claire Fromont tint parole. Sidonie vint jouer souvent dans le beau jardin sablé, et put voir de près les stores découpés, la volière à fils d'or. Elle connut tous les coins et les recoins de l'immense fabrique, fit de grandes parties de cache-cache derrière les tables d'impression, dans la solitude des après-midi de dimanche. Aux jours de fête, elle avait son couvert mis à la table des enfants.

Tout le monde l'aimait, sans qu'elle témoignât jamais beaucoup d'affection à personne. Tant qu'elle était au milieu de ce luxe, elle se sentait tendre, heureuse, comme embellie; mais rentrée chez ses parents, quand elle voyait la fabrique à travers les vitres ternes de la fenêtre du palier, il y avait en elle un ~~regret, une~~ colère, inexplicables.

Et pourtant, Claire Fromont la traitait bien en amie.

Quelquefois on l'emmenait au Bois, aux Tuileries, dans le fameux coupé bleu, ou bien à la campagne, passer toute une semaine au château du grand-père Gardinois, à Savigny-sur-Orge. Grâce aux cadeaux de Risler, très fier des succès de sa petite, elle était toujours gentille, bien arrangée... Mme Chèbe s'en faisait un point d'honneur, et la jolie boiteuse était là pour mettre au service de sa petite amie des trésors de coquetterie inutilisée.

M. Chèbe, lui, toujours hostile aux Fromont, voyait d'un mauvais œil cette intimité croissante. La vraie raison, c'est qu'on ne l'invitait pas; seulement, il en donnait d'autres et disait à sa femme :

— Tu ne vois donc pas que ta fille a le cœur gros quand elle revient de là-bas, qu'elle passe des heures à rêvasser à la fenêtre?

Mais la pauvre Mme Chèbe, si malheureuse depuis son mariage, en était devenue imprévoyante. Elle prétendait qu'il faut jouir du présent par crainte de l'avenir, saisir le bonheur quand il passe, puisque souvent on n'a dans sa vie pour soutien et consolation que le souvenir d'une heureuse enfance.

Pour une fois, il se trouva que M. Chèbe eut raison.

se promit de s'aimer toujours, de se voir deux
fois par mois, les dimanches de sortie.

En effet, la petite Chèbe descendit encore
quelquefois jouer avec ses amis; mais à mesure
qu'elle grandissait, elle comprenait mieux la
distance qui les séparait, et ses robes commençaient à lui paraître bien simples pour le salon
de Mme Fromont.

Quand ils n'étaient que tous les trois, l'amitié
d'enfance qui les faisait égaux, ne laissait entre
eux aucune gêne; mais il venait des visites, des
amies de pension, entre autres une grande fille
toujours richement mise, que la femme de
chambre de sa mère amenait le dimanche jouer
avec les petits Fromont.

Rien qu'en la voyant monter le perron, pom-
ponnée et dédaigneuse, Sidonie avait envie de
s'en aller tout de suite. L'autre l'embarrassait
de questions maladroites... Où demeurait-elle?
Que faisaient ses parents? Est-ce qu'elle avait
une voiture?...

En les entendant causer du couvent, de leurs
amies, Sidonie sentait qu'elles vivaient dans un
monde à part, à mille lieues du sien; et une
mortelle tristesse la prenait, surtout lorsqu'au
retour sa mère lui parlait d'entrer comme
apprentie chez une demoiselle Le Mire, amie
des Delobelle, qui avait, rue du Roi-Doré, un
grand magasin de perles fausses.

filet noir, en train de lire une livraison cras-
seuse du *Journal pour tous,* et paraissant très
contrariée qu'on la dérangeât de sa lecture.

Mlle Le Mire (en deux mots) reçut le père et
la fille, sans se lever, parla longuement de sa
position perdue, de son père, un vieux gentil-
homme du Rouergue, — c'est inouï ce que le
Rouergue a déjà produit de vieux gentils-
hommes ! — et d'un intendant infidèle qui avait
emporté toute leur fortune. Elle fut tout de
suite très sympathique à M. Chèbe, pour qui
les déclassés avaient un attrait irrésistible, et le
honhomme partit enchanté, en promettant à sa
fille de venir la chercher le soir, à sept heures,
suivant les conventions faites.

Sur-le-champ, l'apprentie fut introduite dans
l'atelier encore vide. Mlle Le Mire l'installa
devant un grand tiroir rempli de perles, d'aiguilles, de poinçons, pêle-mêle avec des livrai-
sons de romans à quatre sous.

Pour Sidonie, il s'agissait de trier les perles,
de les enfiler dans ces colliers d'égale longueur
qu'on noue ensemble pour les vendre aux petits
marchands. D'ailleurs, ces demoiselles allaient
rentrer et lui montreraient exactement ce qu'elle
aurait à faire, car Mlle Le Mire (en deux mots)
ne se mêlait de rien et surveillait son commerce de très loin, du fond de cette pièce noire
où elle passait sa vie à lire des feuilletons.

A neuf heures, les ouvrières arrivèrent, cinq grandes filles pâles, fanées, misérablement vêtues, mais bien coiffées, avec la prétention des ouvrières pauvres qui s'en vont nu-tête dans les rues de Paris.

Deux ou trois bâillaient, se frottaient les yeux, disant qu'elles tombaient de sommeil. Qui sait ce qu'elles avaient fait de leur nuit, celles-là ?...

Enfin on se mit à l'ouvrage près d'une longue table où chacune avait son tiroir, ses outils. On venait de recevoir une commande de bijoux de deuil, il fallait se dépêcher. Sidonie, que la *première* avait mise au courant de sa tâche d'un ton de supériorité infinie, commença à trier mélancoliquement une multitude de perles noires, de grains de cassis, d'épis de crêpe.

Les autres, sans s'occuper de la gamine, causaient entre elles en travaillant. On parlait d'un mariage superbe qui devait avoir lieu, le jour même, à Saint-Gervais.

— Si nous y allions ? dit une grosse fille rousse, qu'on appelait Malvina... C'est pour midi... Nous aurions le temps d'aller et de revenir bien vite.

En effet, à l'heure du déjeuner, toute la bande dégringola l'escalier quatre à quatre.

Sidonie avait son repas dans un petit panier, comme une écolière ; le cœur gros, sur un coin

de la table, elle mangea toute seule pour la première fois... Dieu ! que la vie lui semblait misérable et triste, quelle terrible revanche elle
prendrait plus tard de ces tristesses-là !...

A une heure, les ouvrières remontèrent
bruyantes, très animées :

— Avez-vous vu cette robe en gros grain
blanc ?... Et le voile en point d'Angleterre ?... En
voilà une qui a de la chance !

Alors, dans l'atelier, elles recommencèrent les
remarques qu'elles avaient faites à voix basse
dans l'église, accoudées à la balustrade pendant tout le temps de la cérémonie. Cette question de mariage riche, de belles parures, dura
toute la journée, et cela n'empêchait pas le travail, au contraire.

Ces petits commerces parisiens, qui tiennent
à la toilette par les détails les plus menus, mettent les ouvrières au courant de la mode, leur
donnent d'éternelles préoccupations de luxe et
d'élégance. Pour les pauvres filles, qui travail-
laient au petit quatrième de Mlle Le Mire, les
murs noirs, la rue étroite, n'existaient pas. Tout
le temps elles songeaient à autre chose, passant
leur vie à se demander :

— Voyons, Malvina ! si tu étais riche, qu'est-ce
que tu ferais ?...

— Moi, j'habiterais aux Champs-Élysées...

Et les grands arbres du rond-point, les voitures qui tournaient là, coquettes et ralenties, leur faisaient une vision d'une minute, délicieuse, rafraîchissante.

Dans son coin, la petite Chèbe écoutait, sans rien dire, montant soigneusement ses grappes de raisins noirs avec l'adresse précoce et le goût qu'elle avait pris dans le voisinage de Désirée. Aussi, le soir, quand M. Chèbe vint chercher sa fille, on lui en fit les plus grands compliments.

Dès lors, tous ses jours furent pareils. Le lendemain, au lieu de perles noires, elle monta des perles blanches, des grains rouges en corail faux; car chez Mlle Le Mire on ne travaillait que dans le faux, le clinquant, et c'est bien là que la petite Chèbe devait faire l'apprentissage de sa vie.

Pendant quelque temps, la nouvelle apprentie — plus jeune et mieux élevée que les autres — se trouva isolée au milieu d'elles. Plus tard, en grandissant, elle fut admise à leur amitié, à leurs confidences, sans jamais partager leurs plaisirs. Elle était trop fière pour s'en aller à midi voir les mariages; et quand elle entendait parler d'un bal de nuit au *Waux-Hall* ou aux *Délices du Marais,* d'un souper fin chez Bonvalet ou aux *Quatre Sergents de la Rochelle,* c'était toujours avec un grand dédain.

Nous visions plus haut que cela, n'est-ce pas, petite Chèbe?

D'ailleurs son père venait la chercher tous les soirs. Quelquefois pourtant, vers le jour de l'an, elle était obligée de veiller avec les autres pour finir les commandes pressées. Sous la lueur du gaz, ces Parisiennes pâles, triant des perles blanches comme elles, d'un blanc maladif et mat, faisaient peine à voir. C'était le même éclat factice, la même fragilité de bijoux faux. Elles ne parlaient que de bals masqués, de théâtres :

— As-tu vu Adèle Page dans *Les Trois Mousquetaires ?*... Et Mélingue? Et Marie Laurent ?... Oh! Marie Laurent !...

Les pourpoints des acteurs, les robes brodées des reines de mélodrame leur apparaissaient dans le reflet blanc des colliers qu'elles roulaient sous leurs doigts.

L'été, l'ouvrage allait moins fort. C'était la morte-saison. Alors pendant la grande chaleur, lorsque derrière les persiennes fermées on entendait crier par les rues les mirabelles et les reines-Claude, les ouvrières s'endormaient lourdement, la tête sur la table. Ou bien Malvina allait dans le fond demander une livraison du *Journal pour tous* à Mlle Le Mire, et elle en faisait la lecture aux autres à haute voix.

Ces promenades du dimanche, que le bon Risler organisait pour désennuyer Sidonie, ne faisaient que l'attrister davantage.

Ces jours-là il fallait se lever à quatre heures du matin ; car les pauvres achètent tous leurs plaisirs, et il y avait toujours quelque chiffon à repasser au dernier moment, une garniture à coudre pour essayer de rajeunir l'éternelle petite robe lilas à raies blanches que Mme Chèbe rallongeait consciencieusement chaque année.

On partait tous ensemble, les Chèbe, les Risler, l'illustre Delobelle. Seules, Désirée et sa mère n'en étaient pas. La pauvre petite infirme, humiliée de sa disgrâce, ne voulait jamais bouger de son fauteuil, et la maman Delobelle restait pour lui tenir compagnie. D'ailleurs, elles n'avaient ni l'une ni l'autre une toilette assez convenable pour se montrer dehors à côté de leur grand homme ; c'eût été détruire tout l'effet de sa tenue.

Au départ, Sidonie s'égayait un peu. Ce Paris en brume rose des matins de juillet, les gares pleines de toilettes claires, la càmpagne déroulée aux vitres du wagon, puis l'exercice, ce grand bain d'air pur trempé d'eau de Seine, vivifié par un coin de bois, parfumé de prés en fleurs, de blés en épis, tout cela l'étourdissait une minute. Mais l'écœurement lui venait vite à la trivialité de son dimanche...

Frantz, du bout de ses grands bras, abaissait les hautes branches d'aubépine, ou grimpait aux murs d'un parc pour cueillir un feuillage léger aperçu de l'autre côté. Mais c'est au bord de l'eau qu'ils faisaient leurs plus riches moissons.

Il y avait là de ces plantes flexibles aux longues tiges courbées, qui sont d'un si joli effet sur les tentures, de grands roseaux droits, et des volubilis dont la fleur — s'ouvrant tout à coup dans les caprices d'un dessin — semble une figure vivante, quelqu'un qui vous regarde au milieu de l'indécision charmante du feuillage. Risler groupait ses bouquets, les disposait artistement, s'inspirant de la nature même des plantes, essayant de bien comprendre leur allure de vie, insaisissable après qu'une journée de fatigue a passé sur elles.

Puis, le bouquet fini, noué d'une herbe large, comme d'un ruban, on le chargeait sur le dos de Frantz, et en route! Toujours préoccupé de son art, Risler, tout en marchant, cherchait des sujets, des combinaisons :

— Regarde donc, petite... ce brin de muguet avec ses grelots blancs en travers de ces églantines... Hein! crois-tu?... sur un fond vert d'eau ou gris de laine, c'est ça qui serait gentil.

Mais Sidonie n'aimait pas plus les muguets que les églantines. Les fleurs des champs lui faisaient l'effet de fleurs de pauvres, quelque chose dans le goût de sa robe lilas.

Elle se rappelait en avoir vu d'autres chez M. Gardinois, au château de Savigny, dans les serres, sur les balustres, tout autour de la cour sablée bordée de grands vases.

Voilà les fleurs qu'elle aimait ; voilà comment elle comprenait la campagne !

Ce souvenir de Savigny lui revenait à chaque pas. Quand ils passaient devant une grille de parc, elle s'arrêtait, regardait l'allée droite, unie, qui devait conduire au perron... Les pelouses que les grands arbres ombraient régulièrement, les terrasses tranquilles au bord de l'eau, lui rappelaient d'autres terrasses, d'autres pelouses. Ces visions de luxe, mêlées à des souvenirs, rendaient son dimanche encore plus lugubre. Mais c'est le retour surtout qui la navrait.

Elles sont si terriblement encombrées et étouffantes, ces soirs-là, les petites gares des environs de Paris ! Que de joies factices, que de rires bêtes, que de chansons exténuées, à bout de voix, n'ayant plus que la force de hurler !... C'est pour le coup que M. Chèbe se sentait dans son élément...

Il pouvait se bousculer autour du guichet, s'indigner des retards du train, prendre à partie le chef de gare, la Compagnie, le gouver-

même, parce qu'il avait une peur bleue des gendarmes. Au bout d'un moment, l'orage s'apaisait. Les femmes fatiguées, décoiffées par le grand air, s'endormaient sur les bancs. Il y avait des robes chiffonnées, des effets déchirés, des toilettes blanches décolletées pleines de poussière.

C'était cela surtout qu'on respirait, la poussière !

Elle tombait de tous les vêtements, montait de tous les pas, obscurcissait la lampe, troublait les yeux, faisait comme un nuage sur l'éreintement des figures. Les wagons, où l'on montait enfin après des heures d'attente, en étaient imprégnés aussi... Sidonie ouvrait les vitres, regardait dehors les plaines noires, une ligne d'ombre sans fin. Puis, comme des étoiles innombrables, les premiers réverbères des boulevards extérieurs se dressaient près des fortifications.

Dès lors, la terrible journée de repos de tous ces pauvres gens était finie. La vue de Paris ramenait à chacun la pensée de son travail du lendemain. Si triste qu'eût été son dimanche, Sidonie commençait à le regretter. 'Elle songeait aux riches, pour qui tous les jours de la vie sont des jours de repos ; et vaguement, comme dans un rêve, les longues allées des parcs entrevus pendant la journée lui apparaissaient remplies de ces heureux du monde, se

promenant sur le sable fin, pendant qu'à la
grille là-bas, dans la poussière de la route, le
dimanche des pauvres passait à grands pas,
ayant à peine le temps de s'arrêter une minute
pour regarder et envier.

De treize à dix-sept ans, ce fut là la vie de
la petite Chèbe.

Les années se succédaient sans apporter le
moindre changement avec elles. Le cachemire
de Mme Chèbe s'était un peu plus usé, la
petite robe lilas avait subi encore quelques
retouches, et c'était tout. Seulement, à mesure
que Sidonie grandissait, Frantz, maintenant
devenu un jeune homme, avait pour elle des
regards silencieux, attendris, des attentions
d'amour visibles à tout le monde et dont la
jeune fille était seule à ne pas s'apercevoir.

Rien ne l'intéressait, du reste, cette petite
Chèbe.

A l'atelier elle accomplissait sa tâche régulièrement, silencieusement, sans la moindre
pensée d'avenir ou d'aisance. Tout ce qu'elle
faisait avait l'air d'être en attendant.

Frantz, au contraire, depuis quelque temps,
travaillait avec une ardeur singulière, l'élan
de ceux qui visent quelque chose au bout de
leurs efforts, si bien qu'à vingt-quatre ans il
sortait second de l'École centrale avec le grade
d'ingénieur.

lèvres étaient encore pâles de l'émotion qu'il
venait d'avoir ; merci, je ne m'arrête pas... J'ai
vu de la lumière à la porte et je suis entré
seulement pour vous dire... pour vous apprendre
une grande nouvelle qui vous fera bien plaisir,
parce que je sais que vous m'aimez...

— Et quoi donc, grand Dieu ?

— Il y a promesse de mariage entre M. Frantz
Risler et Mlle Sidonie !...

— Là ! quand je vous disais qu'il ne lui manquait plus qu'une bonne petite femme, fit la
maman Delobelle en se levant pour lui sauter
au cou.

Désirée n'eut pas la force de prononcer une
parole. Elle se pencha encore plus sur son ouvrage, et comme Frantz avait les yeux exclusi-
vement fixés sur son bonheur, que la maman
Delobelle ne regardait que la pendule pour
voir si son grand homme rentrerait bientôt,
personne ne s'aperçut de l'émotion de la boiteuse, de sa pâleur, ni du tremblement convulsif
du petit oiseau immobile entre ses mains, la
tête renversée, comme un oiseau blessé à mort.

IV·

HISTOIRE DE LA PETITE CHÉBE. —
LES VERS LUISANTS DE SAVIGNY

« Savigny-sur-Orge.

« MA CHÈRE SIDONIE,

IER nous étions à table dans cette grande salle à manger que tu connais, la porte large ouverte sur les perrons tout fleuris. Je m'ennuyais un peu. Bon papa avait été de mauvaise humeur toute la matinée, et ma pauvre mère n'osait pas dire un mot, atterrée par ces sourcils froncés qui lui ont

toi que le matin il me prend quelquefois des
idées de coquetterie. Je m'habille, je me fais
belle ; coiffée en frisures avec un joli costume,
je me promène dans toutes les allées, et tout à
coup je m'aperçois que j'ai fait des frais pour
les cygnes, les canards, mon chien Kiss, et les
vaches qui ne se retournent même pas dans la
prairie quand je passe. Alors, de dépit, je rentre
bien vite mettre une robe de toile, je m'occupe
à la ferme, à l'office, un peu partout. Et, ma
foi ! je commence à croire que l'ennui m'a per-
fectionnée, et que je ferai une excellente ménagère...

« Heureusement, voici bientôt la saison de
la chasse et je compte là-dessus pour me distraire
un peu. D'abord Georges et mon père, grands
chasseurs tous les deux, viendront plus souvent.
Puis tu seras là, toi... Car tu vas me répondre
tout de suite que tu arrives près de nous, n'est-
ce pas ? M. Risler disait dernièrement que tu
étais souffrante. L'air de Savigny te fera grand
bien.

« Ici tout le monde t'attend, et moi je ne
vis plus d'impatience.

« CLAIRE. »

Sa lettre écrite, Claire Fromont mit un
grand chapeau de paille, car ces premiers jours
d'août étaient chauds et splendides, et des-

cendit la jeter elle-même dans la petite boîte
où le facteur prenait tous les matins en passant
le courrier du château.

C'était au bout du parc, à un coin de route.
Elle s'arrêta une minute à regarder les arbres du
chemin, les prés environnants, endormis et
pleins de soleil. Là-bas des moissonneurs rentraient les dernières gerbes. On labourait un
peu plus loin. Mais toute la mélancolie du
travail silencieux avait disparu pour la jeune
fille épanouie de la joie de revoir son amie.

Aucun souffle ne s'éleva des hautes collines
de l'horizon, aucune voix ne vint de la cime
des arbres pour l'avertir par un pressentiment,
l'empêcher d'envoyer cette fatale lettre. Et
tout de suite en rentrant elle s'occupa de préparer à Sidonie une jolie chambre à côté de la
sienne.

La lettre fit son chemin fidèlement. De la
petite porte verte du château entourée de gly-
cines et de chèvrefeuilles, elle s'en vint à Paris
et arriva le soir même, avec son timbre de
Savigny tout parfumé de campagne, au cinquième étage de la rue de Braque.

Quel événement ce fut! On la relut trois
fois ; et pendant huit jours, jusqu'au départ,
elle resta sur la cheminée près des reliques de
Mme Chèbe, de la pendule à globe et des
coupes Empire. Pour Sidonie, c'était comme

alliance son nom et celui de son mari, en avait
effacé toutes les lettres. Sa préoccupation la suivait à Savigny. Elle ramassait le bois mort dans
les allées, grattait la mousse des bancs du bout
de son ombrelle, aurait voulu épousseter les
feuilles, ramoner les vieux arbres ; et bien souvent, en chemin de fer, elle enviait les petites
villas alignées au bord de la voie, blanches et
proprettes, avec leurs cuivres reluisants, la boule
de métal anglais, et ces petits jardins en longueur qui ont l'air de tiroirs de commode.
C'était cela son type de maison de campagne.

M. Fromont, qui ne venait qu'en passant et
toujours avec la préoccupation de ses affaires,
ne jouissait guère de Savigny, lui non plus. Il
n'y avait que Claire qui fût vraiment chez elle
dans ce beau parc. Elle en connaissait les
moindres taillis. Obligée de se suffire à elle-
même comme tous les enfants solitaires, elle
s'était fait des bonheurs de certaines promenades, surveillait les floraisons, avait son allée,
son arbre, son banc favori pour lire. La cloche
du repas venait toujours la surprendre au fond
de la propriété. Elle arrivait à table, essoufflée,
contente, baignée de grand air. L'ombre des
charmilles, à force de glisser sur ce jeune front, y
avait mis comme une douceur mélancolique, et le
vert profond des pièces d'eau, traversé de rayons
vagues, se retrouvait dans ses grands yeux.

Cette belle campagne l'avait vraiment dé-
fendue de la vulgarité, de la bassesse du milieu.
M. Gardinois pouvait déplorer devant elle, pendant des heures, la perversité des fournisseurs,
des domestiques, faire le compte de ce qu'on
lui volait par mois, par semaine, par jour, par
minute ; Mme Fromont pouvait énumérer ses
griefs contre les souris, les mites, la poussière,
l'humidité, toutes acharnées à la destruction de
ses effets, conjurées contre ses armoires ; pas
une syllabe de ces conversations idiotes ne restait dans l'esprit de Claire. Une course autour
de la pelouse, une lecture au bord de la pièce
d'eau, avaient tout de suite rendu le calme à
cette âme généreuse et bien vivante.

Son grand-père la regardait comme une créature étrange, tout à fait déplacée dans sa famille.
Enfant, elle le gênait déjà par ses grands yeux
clairs, son sens droit de toutes choses, et aussi
parce qu'il ne retrouvait pas en elle sa fille à
lui, soumise et passive.

— Ça sera une fiérotte et une originale comme
son père, disait-il dans ses jours de mauvaise
humeur.

Combien elle lui plaisait davantage, cette
petite Chèbe qui venait de temps en temps
jouer dans les allées de Savigny ! Ici, du moins,
il sentait une nature peuple comme la sienne,
avec un grain d'ambition et d'envie que révélait

déjà dans ce temps-là certain petit sourire en coin
de bouche. En outre, la fillette avait devant sa
richesse des étonnements, des admirations
naïves, qui flattaient son orgueil de parvenu ;
et quelquefois, taquinée par lui, elle trouvait
des mots drôles d'enfant de Paris, des expressions bien faubouriennes, relevées par sa gentille frimousse mince et pâlotte où la trivialité,
gardait une distinction. Aussi le bonhomme ne
l'avait-il jamais oubliée.

Cette fois surtout, lorsque après sa longue
absence Sidonie arriva à Savigny avec ses cheveux bouffants, sa jolie taille, sa physionomie
éveillée et mobile, le tout agrémenté des élégances un peu apprêtées de la demoiselle de
magasin, elle y eut beaucoup de succès. Le
vieux Gardinois, très étonné de voir une grande
fille au lieu de l'enfant qu'il attendait, la trouva
plus jolie et surtout bien mieux mise que
Claire.

La vérité est qu'en descendant de chemin de
fer, Mlle Chèbe, assise dans la grande calèche
du château, n'avait pas trop mauvaise tournure ;
mais il lui manquait ce qui faisait la beauté et
le charme de son amie, l'habitude, le maintien,
le mépris des attitudes, et surtout la sécurité
d'esprit. Sa grâce ressemblait un peu à ses
robes, des petites étoffes pas chères, mais taillées
au goût du jour, du chiffon si l'on veut, mais

un chiffon dont la mode, cette fée absurde et
charmante, avait donné la nuance, l'ornement
et le modèle. Paris, pour ces sortes de toilettes,
a des petits minois exprès, très faciles à coiffer,
à habiller, tout juste parce qu'ils n'ont pas de
type, et Mlle Chèbe était un de ces minois-là.

Quel ravissement pour elle, quand la voiture
s'engagea sur la longue avenue, veloutée de
vert, bordée d'ormes centenaires, au bout de
laquelle Savigny l'attendait, sa grille grande
ouverte ! A partir de ce jour, elle eut bien l'existence enchantée qu'elle avait rêvée si longtemps.
Le luxe lui apparaissait sous toutes ses formes,
depuis la magnificence des salons, la hauteur
immense des appartements, depuis les richesses
de la serre, des écuries, jusqu'à ces menus
détails où il semble se condenser comme ces
parfums exquis dont une goutte suffit à embau-
mer toute une chambre, les corbeilles de fleurs
étendues sur la nappe, le ton froid des domestiques, le « faites atteler » dolent et ennuyé de
Mme Fromont...

Et comme elle se sentait à l'aise parmi tous
ces raffinements de riches ! Comme c'était bien
l'existence qui lui convenait ! Il lui semblait
qu'elle n'en avait jamais eu d'autre.

Tout à coup, au milieu de son ivresse, arriva
une lettre de Frantz qui la ramenait à la réalité
de sa vie, à sa condition misérable de future

femme d'employé, la mettait de force dans le petit appartement mesquin qu'ils occuperaient un jour en haut de quelque maison noire dont il lui semblait déjà respirer l'air lourd, épais de misère.

Rompre son mariage ?

Certainement elle le pouvait, puisqu'elle n'avait donné d'autre gage que sa parole. Mais celui-là parti, qui sait si elle ne le regretterait pas ?

Dans cette petite tête affolée d'ambition, les idées les plus étranges se heurtaient. Quelque-fois, pendant que le grand-père Gardinois, qui avait quitté en son honneur ses antiques vestes de chasse et ses gilets de molleton, la plaisan-tait, s'amusait à la contredire pour s'attirer quelque riposte un peu salée, elle le regardait sans répondre, fixement, froidement, jusqu'au fond des yeux. Ah ! s'il avait eu seulement dix ans de moins... Mais cette pensée de devenir Mᵐᵉ Gardinois ne l'arrêta pas longtemps. Un nouveau personnage, une nouvelle espérance, venaient d'entrer dans sa vie.

Depuis l'arrivée de Sidonie, Georges Fro-mont, qu'on ne voyait guère à Savigny que le dimanche, avait pris l'habitude d'y venir dîner presque tous les jours.

C'était un grand garçon frêle, pâle, de tour-nure élégante. Orphelin de père et de mère, élevé

fini, et qu'elles se promenaient sous la longue charmille, Georges vint les rejoindre. Ils causaient tous trois indifféremment, en faisant crier les cailloux sous le pas lent de leur promenade, quand la voix de Mme Fromont appela Claire du côté du château. Georges et Sidonie restèrent seuls. Ils continuèrent à marcher dans l'allée, guidés par les blancheurs vagues du sable, sans parler ni se rapprocher l'un de l'autre.

Un vent tiède agitait la charmille. La pièce d'eau soulevée battait doucement de ses flots les arches du petit pont ; et les acacias, les tilleuls, dont les fleurs détachées s'envolaient en tourbillons, parfumaient l'air électrisé... Ils se sentaient dans une atmosphère d'orage, vibrante, pénétrante. Tout au fond de leurs yeux troublés passaient de grands éclairs de chaleur, comme ceux qui allumaient la limite de l'horizon...

— Oh ! les beaux vers luisants !... dit la jeune fille, que ce silence, traversé de tant de bruits mystérieux, embarrassait.

Au bord de la pelouse, de petites lumières vertes, haletantes, éclairaient les brins d'herbe. Elle se baissa pour en prendre une sur son gant. Il vint s'agenouiller tout près d'elle ; et penchés jusqu'au ras de l'herbe, frôlant leurs cheveux et leurs joues, ils se regardèrent une minute à

Comme cette soirée sembla longue à Sidonie ! Elle n'avait qu'un désir, se retrouver seule, libre de ses pensées.

Mais au silence de sa petite chambre, quand elle eut soufflé la lumière, qui gêne les songes en éclairant trop vivement la réalité, que de projets, quels transports de joie ! Georges l'aimait, Georges Fromont, l'héritier de la fabrique !... Ils se marieraient ; elle serait riche !... Car, dans cette petite âme vénale, le premier baiser d'amour n'avait éveillé que des idées d'ambition et de luxe.

Pour bien s'assurer que son amant était sincère, elle cherchait à ressaisir les moindres détails de leur scène sous la charmille, l'expression de ses yeux, l'ardeur de son étreinte, les serments balbutiés bouche à bouche dans cette lumière vaporeuse des vers luisants qu'une minute solennelle avait à jamais fixée dans son cœur.

Oh ! les vers luisants de Savigny !

Toute la nuit, ils clignotèrent comme des étoiles devant ses yeux fermés. Le parc en était plein, jusqu'au fond de ses plus sombres avenues. Il y en avait des girandoles tout le long des pelouses, sur les arbres, dans les massifs... Le sable fin des allées, les vagues de la pièce d'eau, roulaient des étincelles vertes, et toutes ces lueurs microscopiques faisaient comme une

illumination de fête, dont Savigny semblait
s'envelopper en son honneur, pour célébrer les
fiançailles de Georges et de Sidonie...

Le lendemain, quand elle se leva, son plan
était fait. Georges l'aimait; c'était sûr. Son-
geait-il à l'épouser?... Elle se doutait bien que
non, la fine lame! Mais cela ne l'effrayait pas.
Elle se sentait assez forte pour avoir raison de
cette âme d'enfant, à la fois faible et passion-
née. Il n'y avait qu'à lui résister, et c'est ce
qu'elle fit.

Pendant quelques jours, elle fut froide, inatten-
tive, volontairement aveugle et sans mémoire.
Il voulut lui parler, retrouver la minute bienheureuse, mais elle l'évitait, mettant toujours
quelqu'un entre elle et lui. Alors il écrivit.

Il allait porter lui-même ses lettres dans un
creux de roche, près d'une source limpide qu'on
appelait « le Fantôme, » et qu'un toit de chaume
abritait tout au fond du parc.

Sidonie trouvait cela charmant. Le soir, il
fallait mentir, inventer un prétexte quelconque
pour venir au « Fantôme » toute seule. L'ombre
des arbres en travers des allées, le trouble de
la nuit sévère, la course, l'émotion, lui faisaient
battre délicieusement le cœur. Elle trouvait la
lettre imprégnée de rosée, du froid intense de
la source, et si blanche au clair de lune, qu'elle
la cachait bien vite, de crainte d'être surprise.

Puis, quand elle était seule, quelle joie de l'ouvrir, de déchiffrer ces caractères magiques, ces phrases d'amour dont les mots miroitaient, entourés de cercles bleus, jaunes, éblouissants, comme si elle avait lu sa lettre en plein soleil.

« Je vous aime... Aimez-moi... » écrivait Georges sur tous les tons.

D'abord, elle ne répondit pas; mais quand elle le sentit bien pris, bien à elle, exaspéré par sa froideur, elle se déclara nettement:

— Je n'aimerai que mon mari.

Ah! c'était déjà une vraie femme, cette petite Chèbe...

V

COMMENT FINIT L'HISTOIRE
DE LA PETITE CHÈBE

EPENDANT, septembre arrivait.
La chasse avait réuni au châ-
teau une nombreuse compagnie,
bruyante, vulgaire. C'étaient de
longs repas où ces bourgeois riches
s'attardaient avec des lenteurs, des lassitudes,
des endormements de paysans. On allait en
voiture au-devant des chasseurs sur les routes
déjà froides des crépuscules d'automne. .La
brume montait des champs moissonnés ; et
pendant que le gibier effaré rasait les sillons
avec des appels craintifs, la nuit semblait sortir
de tous ces bois dont les masses sombres gran-
dissaient en s'étalant sur la plaine.

On allumait les lanternes de la calèche, et

chaudement, sous les couvertures déroulées, on
rentrait vite, le vent frais dans le visage. La
salle, magnifiquement éclairée, s'emplissait de
train, de rires.

Claire Fromont, gênée par la grossièreté de
l'entourage, ne parlait guère. Sidonie brillait
de tout son éclat. La course avait animé son
teint pâle et ses yeux de Paris. Elle savait bien
rire, comprenait peut-être un peu trop, et, pour
les gens qui étaient là, semblait la seule femme
présente. Son succès achevait de griser Georges ; mais à mesure qu'il s'avançait davantage,
elle se montrait plus réservée. Dès lors, il ré-
solut qu'elle serait sa femme. Il se le jura à
lui-même, avec cette affirmation exagérée des
caractères faibles qui semblent toujours combattre d'avance les objections devant lesquelles
ils savent qu'ils céderont un jour...

Ce fut pour la petite Chèbe le plus beau
moment de sa vie. Même en dehors de toute
visée ambitieuse, sa nature coquette et dissimulée trouvait un charme étrange à cette intrigue d'amour mystérieusement menée au
milieu des festins et des fêtes.

Autour d'eux, personne ne se doutait de rien.
Claire était dans cette période saine et charmante de la jeunesse où l'esprit, à demi-ouvert,
s'attache aux choses qu'il connaît avec une
confiance aveugle, la complète ignorance des

trahisons et du mensonge. M. Fromont ne songeait qu'à son commerce. Sa femme nettoyait ses bijoux frénétiquement. Il n'y avait que le vieux Gardinois et ses petits yeux de vrille qui fussent à craindre ; mais Sidonie l'amusait, et quand même il eût découvert quelque chose, il n'était pas homme à lui faire manquer son avenir.

Elle triomphait, quand une catastrophe subite, imprévue, vint anéantir ses espérances.

Un dimanche matin, au retour d'un affût, on rapporta M. Fromont mortellement blessé. Un coup de fusil, destiné à un chevreuil, l'avait frappé près de la tempe. Le château fut bouleversé.

Tous les chasseurs, parmi lesquels le maladroit inconnu, partirent en hâte vers Paris. Claire, folle de douleur, entra, pour n'en plus sortir, dans la chambre où son père agonisait, et Risler, prévenu de la catastrophe, vint vite chercher Sidonie.

La veille du départ, elle eut avec Georges un dernier rendez-vous « au Fantôme, » rendez-vous d'adieu, pénible et furtif, solennisé par le voisinage de la mort. On jura pourtant de s'aimer toujours ; on convint d'un endroit où l'on pourrait s'écrire. Et ils se séparèrent.

Retour lugubre.

Brusquement, elle revenait à sa vie de tous

Il fallait s'exécuter ou trouver un prétexte. Mais lequel?...

Dans ce danger pressant, elle songea à Désirée. Quoique la petite boiteuse ne lui eût jamais fait de confidence, elle savait son grand amour pour Frantz. Depuis longtemps, elle avait deviné cela avec ses yeux de fille coquette, miroirs clairs et changeants qui reflétaient toutes les pensées des autres sans rien laisser voir des siennes. Peut-être même cette idée qu'une autre femme aimait son fiancé, lui avait tout d'abord rendu l'amour de Frantz plus supportable; et, comme on met des statues aux tombeaux pour les rendre moins tristes, la jolie petite figure pâle de Désirée au seuil de cet avenir si noir le lui avait fait paraître moins sinistre.

A cette heure, cela lui fournissait un prétexte honorable et facile pour se dégager de sa promesse :

— Non! vois-tu, maman! dit-elle un jour à Mme Chèbe, jamais je ne consentirai à faire le malheur d'une amie comme celle-là. J'aurais trop de remords... Pauvre Désirée!... Tu ne t'es donc pas aperçue comme elle a mauvaise mine depuis mon retour, comme elle me regarde d'un air suppliant?... Non! je ne lui ferai pas cette peine, je ne lui enlèverai pas son Frantz.

Tout en admirant le grand cœur de sa fille,

Elle commençait à s'inquiéter du silence de
Georges. Depuis son départ de Savigny, elle
avait reçu une fois des nouvelles, puis rien.
Toutes ses lettres restaient sans réponses. Il est
vrai qu'elle savait par Risler que Georges était
très occupé, et que la mort de son oncle, en lui
laissant la direction de la fabrique, lui avait
créé une responsabilité au-dessus de ses forces...
Mais ne pas écrire un mot !

De la fenêtre du palier où elle avait repris
ses stations silencieuses, car elle s'était arrangée pour ne plus retourner chez Mlle Le Mire,
la petite Chèbe cherchait à apercevoir son
amoureux, guettait ses allées et venues dans les
cours, les bâtiments, et le soir, à l'heure du
train de Savigny, le regardait monter en voiture pour aller rejoindre sa tante et sa cousine,
qui passaient les premiers mois de leur deuil
chez le grand-père, à la campagne.

Tout cela l'agitait, l'effrayait ; et surtout la
proximité de la fabrique rendait l'éloigne-
ment de Georges encore plus sensible. Dire
qu'en appelant un peu haut elle aurait pu le
faire se tourner vers elle ! Dire qu'il n'y avait
qu'un mur qui les séparait ! Et pourtant, à
ce moment-là, ils étaient bien loin l'un de
l'autre.

Vous rappelez-vous, petite Chèbe, ce triste
soir d'hiver où le bon Risler entra chez vos

parents avec une figure extraordinaire, en disant : « Grandes nouvelles ! »

Grandes nouvelles, en effet.

Georges Fromont venait de lui apprendre que, conformément aux dernières volontés de son oncle, il allait épouser sa cousine Claire, et que décidément, ne pouvant pas conduire la fabrique tout seul, il était résolu à le prendre pour associé, en donnant à la maison la raison sociale de : FROMONT JEUNE ET RISLER AÎNÉ

Comment avez-vous fait, petite Chèbe, pour garder votre sang-froid en apprenant que la fabrique allait vous échapper, qu'une autre femme avait pris votre place ? Quelle sinistre soirée !... Mme Chèbe reprisait près de la table, M. Chèbe séchait devant le feu ses vêtements mouillés d'une longue course sous la pluie. Oh! le misérable intérieur, plein de tristesse et d'ennui ! La lampe éclairait mal. Le repas vite fait avait laissé dans la pièce une odeur de cuisine de pauvres. Et ce Risler, ivre de joie, qui parlait, s'animait, faisait des projets !

Toutes ces choses vous serraient le cœur, vous rendaient la trahison encore plus affreuse par la comparaison de la richesse qui fuyait votre main tendue, et de cette infâme médiocrité où vous étiez condamnée à vivre...

Elle en fut sérieusement et longuement malade.

qu'il s'en rendît bien compte, cet amour était au fond de son cœur depuis longtemps...

Et voilà comme il se fait que le soir de son mariage, la jeune Mme Risler, toute blanche dans sa toilette de noce, regardait avec un sourire de triomphe la fenêtre du palier où dix ans de sa vie tenaient étroitement encadrés. Ce sourire orgueilleux, où se peignait aussi une pitié profonde et un peu de mépris, comme une nouvelle enrichie peut en avoir pour la médiocrité de ses débuts, s'adressait évidemment à l'enfant pauvre et malingre qu'elle croyait voir là-haut, en face d'elle, dans la profondeur du passé et de la nuit, et semblait lui dire en montrant la fabrique :

— Qu'est-ce que tu dis de ça, petite Chèbe ?... Tu vois, j'y suis maintenant...

A chaque pas, il s'arrête pour parler, car son geste est lourd, ses idées lentes, et les mots ont bien du mal à lui arriver. Oh ! s'il pouvait voir, là-haut, derrière la vitre du second étage, le petit visage rose qui observe tout cela attentivement...

Mme Risler attend son mari pour déjeuner, et s'impatiente de ses lenteurs de bonhomme. De la main elle lui fait signe : « Allons donc ! » Mais Risler ne s'en aperçoit pas. Il est tout occupé de la petite Fromont, la fille de Georges et de Claire, qui prend le soleil, épanouie dans ses dentelles sur les bras de sa nourrice. Comme elle est jolie !

— C'est tout votre portrait, Mme Chorche.

— Vous trouvez, mon bon Risler ? tout le monde dit pourtant qu'elle ressemble à son père.

— Oui, un peu... Mais cependant...

Et ils sont là tous, le père, la mère, Risler, la nourrice, à chercher gravement une ressemblance dans cette petite esquisse d'être qui les regarde de ses yeux vagues, tout éblouis de la vie et du jour. A sa fenêtre entr'ouverte Sidonie se penche pour voir ce qu'ils font et pourquoi son mari ne monte pas.

A ce moment, Risler a pris le poupon dans ses bras, tout ce joli fardeau d'étoffes blanches et de rubans clairs, et cherche à le faire rire et gazouiller, avec des gentillesses, des mines de

14

Madame me donne des conseils de haut, critique
mes façons de faire... J'ai eu tort d'avoir une
femme de chambre... Naturellement. N'ai-je pas
été habituée à me servir moi-même?... Elle
cherche toutes les occasions de me blesser...
Quand je vais chez elle le mercredi, il faut
entendre de quel ton devant le monde elle me
demande des nouvelles de cette bonne madame
Chèbe... Eh bien! oui. Je suis une Chèbe, et elle
une Fromont. Cela se vaut, je pense. Mon
grand-père était pharmacien. Et le sien, qu'est-ce
que c'est? Un paysan enrichi par l'usure... Oh!
je le lui dirai un de ces jours, si elle fait trop
la fière, et aussi que leur fillette, sans qu'ils s'en
doutent, lui ressemble à ce vieux père Gardinois, et Dieu sait qu'il n'est pas beau.

— Oh! dit Risler qui ne trouve pas un mot
à répondre.

— Pàrdi! oui, je vous conseille de l'admirer,
leur enfant. Elle est toujours malade. Elle
pleure toute la nuit comme un petit chat. Cela
m'empêche de dormir... Après, dans la journée,
j'ai le piano de la maman et ses roulades... tra
la la la la... Encore si c'était de la musique
amusante.

Risler a pris le bon parti. Il ne dit plus un
mot; puis, au bout d'un moment, quand il voit
qu'elle commence à être plus calme, il achève
de l'apaiser avec des compliments.

— Est-elle gentille, aujourd'hui! On fait donc des visites, tantôt?...

Pour éviter la difficulté du tutoiement, il se sert d'un mode vague et impersonnel.

— Non, je ne fais pas de visites, répond Sidonie avec une certaine fierté. J'en reçois, au contraire. C'est mon jour...

Et en face de l'air étonné, confondu de son mari, elle reprend :

— Eh bien! oui, c'est mon jour... Mme Fromont en a un; je peux bien en avoir un aussi, je pense.

— Sans doute, sans doute, dit le bon Risler, qui regarde autour de lui avec un peu d'inquiétude... C'est donc cela que j'ai vu tant de fleurs partout, sur le palier, dans le salon.

— Oui, ce matin, la bonne est descendue au jardin... Est-ce que j'ai eu tort? Oh! vous ne le dites pas, mais je suis sûre que vous pensez que j'ai eu tort... Dame! je croyais que les fleurs du jardin étaient à nous comme à eux.

— Certainement... pourtant tu... vous... il aurait peut-être mieux valu...

— Le demander?... C'est cela... m'humilier encore à propos de quelques méchants chrysanthèmes et de deux ou trois brins de verdure. D'ailleurs je ne me suis pas cachée pour les prendre, ces fleurs; et quand elle montera tout à l'heure...,

— Est-ce qu'elle doit venir ? Ah ! c'est gentil.
Sidonie bondit, indignée :

— Comment ! C'est gentil ?... Il ne manque-
rait plus que cela, par exemple, qu'elle ne vînt
pas. Moi qui vais tous les mercredis m'ennuyer
chez elle avec un tas de poseuses, de grima-
cières.

Elle ne dit pas que ces mercredis de Mme Fromont lui ont beaucoup servi, qu'ils sont pour
elle comme un journal de modes hebdomadaire,
une de ces petites publications composites où
il y a la façon d'entrer, de sortir, de saluer, de
placer des fleurs sur une jardinière et des
cigares dans un fumoir, sans compter les gravures, le défilé de tout ce qui se porte avec
l'adresse et le nom des bonnes faiseuses. Sidonie
ne dit pas non plus que ces amies de Claire
dont elle parle si dédaigneusement, elle les a
toutes suppliées de venir la voir, son jour, et
que ce jour a été choisi par elles-mêmes.

Viendront-elles ? Mme Fromont jeune fera-
t-elle à Mme Risler aîné l'affront de manquer son
premier vendredi ? Cela l'inquiète jusqu'à la
fièvre...

— Mais dépêchez-vous donc, dit Sidonie à
chaque instant... comme vous êtes long à déjeuner, bon Dieu !

Le fait est qu'une des manies du brave Risler
est de manger lentement, d'allumer sa pipe à

table en savourant son café à petites doses. Aujourd'hui il lui faut renoncer à ces chères habitudes, laisser la pipe dans son étui à cause de la
fumée, et, sitôt la dernière bouchée, aller s'habiller bien vite, car sa femme tient à ce qu'il
monte, cette après-midi, saluer ces dames.

Quel événement dans la fabrique quand on
voit Risler aîné descendre, un jour de semaine,
en redingote noire et cravate de cérémonie !

— Tu vas donc à la noce ? lui crie le caissier
Sigismond derrière son grillage.

Et Risler répond, non sans quelque fierté :
— C'est le jour de ma femme !

Bientôt tout le monde sait dans la maison
que c'est le jour de Sidonie ; et même le père
Achille, qui fait le jardin, n'est pas très content
parce qu'on a cassé des branches aux lauriers
d'hiver de l'entrée.

Assis devant la planche où il dessine, sous le
jour blanc des hautes fenêtres, Risler a quitté
sa belle redingote qui le gêne, retroussé ses
manchettes toutes fraîches ; mais l'idée que sa
femme attend du monde le préoccupe, l'inquiète,
et de temps en temps il se remet en tenue pour
monter chez lui.

— Personne n'est venu ? demande-t-il timide-
ment.

— Non, monsieur, personne.

Dans le beau salon rouge, — car ils ont un

voilà quelqu'un. Dans ce joli tourbillon de soie,
de fleurs, de jais, de brandebourgs, de fourrures,
qui franchit le perron vivement, Sidonie a reconnu une des plus élégantes habituées du salon
Fromont, la femme d'un riche marchand de
bronzes. Quelle gloire de recevoir une visite
pareille! Vite, vite, le ménage prend position,
monsieur à la cheminée, madame dans un fauteuil, feuilletant négligemment un magazine.
Pose perdue. La belle visiteuse ne venait pas
pour Sidonie; elle s'est arrêtée à l'étage au-
dessous...

Ah! si Mme Georges pouvait entendre ce que
sa voisine dit d'elle et de ses amies...

A ce moment la porte s'ouvre, on annonce :
— Mlle Planus.

C'est la sœur du caissier, une pauvre vieille
fille humble et douce, qui s'est fait un devoir
de cette visite à la femme du patron de son
frère et semble stupéfaite de l'accueil empressé
qu'elle reçoit. On l'entoure, on la choie : « Que
c'est aimable à vous !... Approchez-vous donc du
feu. » Ce sont des attentions, un intérêt à ses
moindres paroles! Le bon Risler a des sourires
chaleureux comme des remerciements. Sidonie
elle-même déploie toutes ses grâces, heureuse
de se montrer dans sa gloire à une égale de
l'ancien temps, et de songer que l'autre au-dessous doit entendre qu'il lui est venu du monde.

Aussi fait-on le plus de train qu'on peut en
roulant les fauteuils, en repoussant la table ; et
lorsque la vieille demoiselle s'en va, éblouie,
enchantée, confondue, on l'accompagne jusque
dans l'escalier avec un grand frou-frou de volants, et on lui crie bien fort, en se penchant
sur la rampe, qu'on reste chez soi tous les vendredis... Vous entendez ! tous les vendredis...

Maintenant il fait nuit. Les deux grosses
lampes du salon sont allumées. Dans la pièce à
côté, on entend la bonne qui met le couvert.
C'est fini. Mᵐᵉ Fromont jeune ne viendra pas.

Sidonie est blême de rage :

— Voyez-vous cette pimbêche qui ne peut
pas seulement monter dix-huit marches !... Madame trouve sans doute que nous sommes trop
petites gens pour elle... Oh! mais, je me
vengerai...

Et à mesure qu'elle exhale sa colère en paroles
injustes, sa voix devient vulgaire, prend des
intonations de faubourg, un accent peuple qui
trahit l'ancienne apprentie du magasin Le
Mire.

Risler a le malheur de dire un mot :

— Qui sait ? L'enfant était peut-être malade.

Furieuse, elle se retourne sur lui comme si
elle voulait le mordre :

— Allez-vous me laisser tranquille avec cet

enfant ! D'abord, c'est votre faute ce qui m'arrive... Vous ne savez pas me faire respecter.

Et pendant que la porte de sa chambre, violemment fermée, fait trembler les globes des lampes et tous les bibelots des étagères, Risler, resté seul, immobile au milieu du salon, regarde d'un air consterné ses manchettes toutes blanches, ses larges pieds vernis, et murmure machinalement :

— Le jour de ma femme !

II

PERLE VRAIE ET PERLE FAUSSE

« Q U'EST-CE qu'elle a ?... Que lui ai-je fait ? » se demandait souvent Claire Fromont en pensant à Sidonie.

Elle ignorait absolument ce qui s'était passé autrefois entre son amie et Georges à Savigny. Avec sa vie si droite, son âme si tranquille, il lui était impossible de deviner quelle ambition jalouse et basse avait grandi à ses côtés depuis quinze ans. Pourtant le regard énigmatique qui lui souriait froide-ment dans ce joli visage, la troublait sans qu'elle s'en rendît compte. A une politesse affectée, singulière chez des amies d'enfance, succédait tout à coup une colère mal dissimulée, une into-

Dans le monde de Claire, on l'avait **assez** froidement accueillie.

Le faubourg Saint-Germain a ses prétentions; mais si vous croyez que le Marais n a pas les siennes !

Ces femmes et ces filles d'industriels, de riches fabricants, savaient l'histoire de la petite Chèbe, l'auraient devinée rien qu'à sa façon de se présenter, d'être parmi elles.

Sidonie avait beau s'appliquer, il restait en elle de la demoiselle de magasin. Ses amabilités un peu forcées, trop humbles quelquefois, choquaient comme le ton faux des boutiques ; et ses attitudes dédaigneuses rappelaient les mines superbes de ces *premières* qui, dans les ma-magasins de nouveautés, parées de robes de soie noire qu'elles remettent au vestiaire le soir en partant, regardent d'un air imposant, du haut de leurs coiffures à grandes boucles, les petites gens qui se permettent de marchander.

Elle se sentait examinée, critiquée, et sa timidité était obligée de s'armer en guerre. Les noms prononcés devant elle, les plaisirs, les fêtes, les livres dont on parlait, lui étaient inconnus. Claire la mettait de son mieux au courant, la maintenait au niveau, d'une main amie toujours tendue. Mais, parmi ces dames, beaucoup trouvaient Sidonie jolie : c'était assez pour lui en vouloir d'être entrée dans leur monde. D'autres, fières de la position de leur mari, de leur richesse, n'avaient pas assez de mutismes insolents, de politesses condescendantes, pour humilier la petite parvenue.

Sidonie les confondait toutes dans un seul mot : « les amies de Claire, c'est-à-dire mes ennemies à moi !... » Mais elle n'en voulait sérieusement qu'à une seule.

Les deux associés ne se doutaient guère de ce qui se passait entre leurs femmes.

Risler aîné, toujours absorbé dans son invention d'*imprimeuse,* restait quelquefois jusqu'au milieu de la nuit à sa table de dessin. Fromont jeune passait ses journées dehors, déjeunait à son cercle, n'était presque jamais à la fabrique. Il avait ses raisons pour cela.

Le voisinage de Sidonie le troublait. Ce caprice passionné qu'il avait eu pour elle, cet amour sacrifié aux dernières volontés de son oncle, lui traversaient trop souvent la mémoire avec tout le regret de l'irréparable, et, se sentant faible, il fuyait. C'était une nature molle, sans ressort, assez intelligente pour se connaître, trop faible pour se diriger. Le soir du mariage de Risler, — marié lui-même depuis quelques mois à peine, — il avait retrouvé auprès de cette femme toute l'émotion des soirs orageux de Savigny. Dès lors, sans s'en rendre bien compte, il évita de la revoir, de parler d'elle.

Malheureusement, comme ils habitaient la même maison, que les femmes se visitaient dix fois par jour, le hasard des rencontres les mettait en présence ; et il se passa cette chose singulière que ce mari, voulant rester honnête, désertait tout à fait son ménage et cherchait des distractions dehors.

Claire voyait cela sans étonnement. Elle avait été habituée par son père à ce perpétuel « en l'air » de la vie de commerce ; et pendant ces absences, toute zélée dans ses devoirs de femme et de mère, elle s'inventait de longues tâches, des travaux de toutes sortes, des promenades pour l'enfant, des stations au soleil prolongées et calmes, dont elle revenait ravie des progrès de la fillette, pénétrée des joies et des rires des tout petits en plein air, avec un peu de leur rayonnement au fond de ses yeux sérieux.

Sidonie sortait aussi beaucoup. Souvent, vers la nuit, la voiture de Georges, qui passait le portail, faisait se ranger vivement Mme Risler en superbe toilette, rentrant après de grandes courses dans Paris. Le boulevard, les étalages, des emplettes longuement choisies, comme pour savourer le plaisir nouveau d'acheter, la tenaient très tard hors de chez elle. On échangeait un salut, un froid regard au détour de l'escalier, et Georges entrait vite chez lui comme dans un refuge, cachant sous un flot de caresses à l'enfant qu'on lui tendait, le trouble tout à coup ressenti.

Sidonie, elle, semblait ne plus se souvenir de rien, et n'avoir gardé que du mépris pour cette nature lâche et douce. D'ailleurs, elle avait bien d'autres préoccupations.

Dans leur salon rouge, entre les deux fenêtres, son mari venait de faire installer un piano.

Après bien des hésitations, elle s'était décidée à apprendre le chant, pensant qu'il était un peu tard pour commencer le piano; et deux fois par semaine, Mme Dobson, une jolie blonde sentimentale, venait lui donner des leçons de midi à une heure. Dans le silence des cours environnantes, ces a... a... a..., ces o... o... o..., prolongés avec insistance, recommencés dix fois, les fenêtres ouvertes, donnaient à la fabrique l'aspect d'un pensionnat.

C'était bien, en effet, une écolière qui s'exerçait là, une petite âme inexpérimentée et flottante, pleine de désirs inavoués, ayant tout à apprendre et à connaître pour devenir une vraie femme. Seulement son ambition s'en tenait à la superficie des choses :

— Claire Fromont joue du piano; moi, je chanterai... Elle passe pour une femme élégante et distinguée, je veux qu'on en dise autant de moi.

Sans songer une minute à s'instruire, elle

et d'abnégation, aux longs bercements des sommeils difficiles, aux réveils rieurs, étincelants d'eau fraîche. Non! dans l'enfant, elle ne voyait que la promenade... C'est si joli cet attifement de ceintures flottantes et de longues plumes qui suit les jeunes mères dans le tourbillon des rues !

Elle, pour se faire accompagner, n'avait que ses parents ou son mari. Elle aimait mieux sortir seule. Il avait une façon si drôle d'être amoureux, ce brave Risler, jouant avec sa femme comme avec une poupée, lui pinçant le menton et les joues, rôdant autour d'elle avec des cris : « Hou ! hou ! » ou bien la regardant de ses gros yeux attendris comme un chien affectueux et reconnaissant. Cet amour bêta, qui faisait d'elle un joujou, une porcelaine d'étagère, la rendait honteuse. Quant à ses parents, ils la gênaient pour le monde qu'elle voulait voir, et, sitôt après son mariage, elle s'en était à peu près débarrassée en leur louant une maisonnette à Montrouge. Cela avait coupé court aux invasions fréquentes de M. Chèbe en longue redingote, et aux visites interminables de la bonne Mme Chèbe, chez qui le bien-être revenu ranimait d'anciennes habitudes de commérage et de vie oisive.

Du même coup, Sidonie aurait bien voulu éloigner aussi les Delobelle dont le voisinage

melier, dépensait beaucoup d'argent, et de là
les conduisait dans une loge louée d'avance à
l'Opéra-Comique ou au Palais-Royal.

Au théâtre, il riait fort, parlait familièrement
aux ouvreuses comme aux garçons de chez Phi-
lippe, réclamait tout haut des tabourets pour
les dames, et à la sortie voulait avoir les pale-
tots, les fourrures, avant tout le monde, comme
s'il eût été le seul parvenu trois fois millionnaire dans la salle.

Pour ces parties un peu vulgaires, où son
mari le plus souvent évitait de se trouver, Claire,
avec son tact habituel, s'habillait sobrement,
passait inaperçue. Sidonie, au contraire, toutes
voiles dehors, étalée au-devant des loges, riait
de tout son cœur aux histoires du grand-père,
heureuse d'être descendue des troisièmes ou des
secondes, ses places d'autrefois, à ces belles
avant-scènes ornées de glaces, dont le bord de
velours lui semblait fait exprès pour ses gants
clairs, sa lorgnette d'ivoire et son éventail à
paillettes. La banalité des endroits publics, le
rouge et l'or des tentures, c'était du vrai luxe
pour elle. Elle s'y épanouissait comme une
jolie fleur en papier dans une jardinière en
filigrane.

Un soir, à une pièce en vogue du Palais-
Royal, parmi les femmes présentes, des célé-
brités peintes, coiffées de chapeaux microsco-

piques, armées d'immenses éventails et dont les têtes fardées sortaient de l'ombre des baignoires dans l'échancrure des corsages comme des portraits vaguement animés, l'allure de Sidonie, sa toilette, sa façon de rire et de regarder, furent très remarquées. Toutes les lorgnettes de la salle, guidées par ce courant magnétique si puissant sous le lustre, se dirigeaient peu à peu vers la loge qu'elle occupait. Claire finit par en être gênée; et discrètement, elle fit passer à sa place son mari qui, par malheur, les avait accompagnés ce soir-là.

Georges, jeune, élégant à côté de Sidonie, avait l'air de son compagnon naturel, tandis que, derrière eux, Risler aîné toujours si calme, si éteint, semblait bien à sa place près de Claire Fromont qui gardait dans ses vêtements un peu sombres comme un incognito d'honnête femme au bal de l'Opéra.

En sortant, chacun des deux associés prit le bras de sa voisine. Une ouvreuse dit à Sidonie, en parlant de Georges : « Votre mari..., » et la petite femme en eut un rayonnement de plaisir.

Votre mari !

Ce mot si simple avait suffi pour la bouleverser et remuer au fond de son cœur un tas de choses mauvaises. Pendant qu'ils traversaient les couloirs, le foyer, elle regardait Risler et

Mme « Chorche » marcher devant eux. L'élégance de Claire lui semblait écrasée, vulgarisée par la démarche lourde de Risler. Elle se disait : « Comme il doit m'enlaidir quand nous marchons ensemble !... » Et le cœur lui battait à l'idée du couple charmant, heureux, admiré, qu'ils auraient fait, elle et ce Georges Fromont dont le bras frémissait sous le sien.

Alors, quand le coupé bleu vint prendre les Fromont à la porte du théâtre, pour la première fois elle se mit à songer qu'après tout cette femme lui avait volé sa place et qu'elle serait dans son droit en essayant de la reprendre.

de Paris, presque à la campagne, un petit jardin que je bêcherai, que j'arroserai moi-même. Cela vaudra mieux pour ma santé que toutes les agitations de la capitale.

Eh bien ! il l'avait à présent, sa maison, et il ne s'y amusait pas, je vous jure.

C'était à Montrouge, sur le chemin de ronde : « Petit chalet avec jardin, » disait l'écriteau dont le carton carré donnait une idée à peu près exacte des dimensions de la propriété. Les papiers étaient neufs et champêtres, les peintures toutes fraîches ; un tonneau d'arrosage installé à côté d'un berceau de vigne-vierge jouait le rôle de pièce d'eau. Joignez à tous ces avantages qu'une haie seulement séparait ce paradis d'un autre « chalet avec jardin » tout à fait du même genre, où demeuraient le caissier Sigismond Planus et sa sœur. Pour Mme Chèbe, c'était un voisinage précieux. Quand la bonne femme s'ennuyait, elle emportait des provisions de tricot et de raccommodages sous le berceau de la vieille fille qu'elle éblouissait du récit de ses splendeurs passées. Malheureusement son mari n'avait pas les mêmes distractions.

Tout allait bien encore les premiers temps. On était au cœur de l'été. M. Chèbe, continuellement en manches de chemise, faisait son installation. Le moindre clou à planter dans la

pantoufles brodées, avec l'autorité d'un riche propriétaire du voisinage. Cela surtout lui manquait, dévoré comme il était du désir qu'on s'occupât de lui. Dès lors, ne sachant plus que faire, n'ayant plus personne devant qui poser, personne pour écouter ses projets, ses histoires, le récit de l'accident arrivé au duc d'Orléans, — le pareil, vous savez, lui était arrivé dans sa jeunesse — l'infortuné Ferdinand accablait sa femme de reproches :

— Ta fille nous exile..., ta fille a honte de nous...

On n'entendait que cela : « Ta fille... ta fille... ta fille... » Car, dans son irritation contre Sidonie, il la reniait, laissant à sa femme la responsabilité de cette enfant monstrueuse et dénaturée. C'était un vrai soulagement pour la pauvre M⁽ᵐᵉ⁾ Chèbe, quand son mari montait dans un des omnibus de la station pour s'en aller relancer Delobelle dont la flânerie était toujours disponible, et déverser dans son sein toutes les rancunes qu'il avait contre son gendre et sa fille.

L'illustre Delobelle, lui aussi, en voulait à Risler, et disait volontiers de lui : « C'est un lâcheur... »

Le grand homme avait espéré faire partie intégrante du nouveau ménage, être l'organisateur des fêtes, l'arbitre des élégances. Au

lieu de cela, Sidonie l'accueillait très froidement, et Risler ne l'emmenait même plus à
la brasserie. Pourtant le comédien ne se plaignait pas trop haut, et toutes les fois qu'il rencontrait son ami, il l'accablait de prévenances
et de flatteries ; car il allait avoir besoin de lui.

Fatigué d'attendre le directeur intelligent, ne
voyant jamais venir le rôle qu'il espérait depuis
tant d'années, Delobelle avait eu l'idée d'acheter
un petit théâtre et de l'exploiter lui-même. Il
comptait sur Risler pour les fonds. Tout juste
il se trouvait sur le boulevard du Temple un
petit théâtre à vendre, par suite de la faillite
de son directeur. Delobelle en parla à Risler,
d'abord très vaguement, sous une forme tout
à fait hypothétique : « Il y aurait un bon coup
à faire... » Risler écoutait avec son flegme
habituel, disant : « En effet, ce serait très bon
pour vous... » Puis, à une ouverture plus
directe, n'osant pas répondre « non, » il s'était
réfugié derrière des « je verrai... plus tard... je
ne dis pas... » et finalement avait prononcé
cette parole malheureureuse : « Il faudrait voir
les devis. »

Pendant huit jours, le comédien avait pioché,
fait des plans, aligné des chiffres, assis entre
ses deux femmes qui le regardaient avec admiration et se grisaient de ce nouveau rêve. Dans
la maison, on disait : « M. Delobelle va acheter

un théâtre. » Sur le boulevard, dans les cafés d'acteurs, il n'était bruit que de cette acquisition. Delobelle ne cachait pas qu'il avait trouvé un bailleur de fonds ; et cela lui valait d'être entouré d'une foule de comédiens sans emploi, de vieux camarades qui venaient lui taper familièrement sur l'épaule, se rappeler à lui : « Tu sais, ma vieille !... » Il promettait des engagements, déjeunait au café, y écrivait des lettres, saluait du bout des doigts les gens qui entraient, tenait des colloques très animés dans des coins ; et déjà deux auteurs râpés lui avaient lu un drame en sept tableaux qui lui « allait comme un gant » pour sa pièce d'ouverture. Il disait « Mon théâtre ! » et on lui adressait des lettres : « A M. Delobelle, directeur. »

Quand il eut composé son prospectus, fait ses devis, il alla trouver Risler à la fabrique. Celui-ci, très occupé, lui donna rendez-vous rue Blondel ; et le soir même Delobelle, arrivé le premier à la brasserie, s'installait à leur ancienne table, demandait une canette et deux verres, et attendait. Il attendit longtemps, l'œil sur la porte, frémissant d'impatience. Risler n'arrivait pas. Chaque fois que quelqu'un entrait, le comédien se retournait. Il avait mis ses papiers sur la table et les relisait avec des gestes, des mouvements de tête et de lèvres.

L'affaire était unique, splendide. Déjà il se
voyait jouant, — car c'était là le point essentiel, —
jouant sur un théâtre à lui des rôles faits exprès
pour lui, à sa taille, où il aurait tous les effets...

Tout à coup la porte s'ouvrit, et, dans la
fumée des pipes, M. Chèbe parut. Il fut aussi
surpris et vexé de voir Delobelle là que Delobelle l'était lui-même. Il avait écrit à son
gendre le matin qu'il désirait l'entretenir très
sérieusement et qu'il l'attendrait à la brasserie.
C'était pour une affaire d'honneur, tout à fait
entre eux, d'homme à homme. Le vrai de cette
affaire d'honneur, c'est que M. Chèbe avait
donné congé de la petite maison de Montrouge,
et loué rue du Mail, en plein quartier du
commerce, un magasin avec entresol... Un magasin ?... Mon Dieu, oui !... Et maintenant il
était un peu effrayé de son coup de tête,
inquiet de savoir comment sa fille le prendrait,
d'autant plus que le magasin coûtait bien plus
cher que la maison de Montrouge et qu'il y
aurait quelques grosses réparations à faire, en
entrant. Comme il connaissait de longue date
la bonté de son gendre, M. Chèbe avait voulu
s'adresser à lui tout d'abord, espérant le mettre
dans son jeu et lui laisser la responsabilité de
ce coup d'État domestique. Au lieu de Risler,
c'était Delobelle qu'il trouvait.

Ils se regardèrent en dessous, d'un œil mau-

vais, comme deux chiens qui se rencontrent au
bord de la même écuelle. Chacun d'eux avait
compris ce que l'autre attendait, et ils n'es-
sayèrent pas de se donner le change.

— Mon gendre n'est pas là? demanda
M. Chèbe en lorgnant les paperasses étalées
sur la table, et soulignant le mot « Mon gendre, »
pour bien indiquer que Risler était à lui et non
à un autre.

— Je l'attends, répondit Delobelle en ramas-
sant ses papiers.

Les lèvres pincées, il ajouta d'un air digne,
mystérieux, toujours théâtral :

— C'est pour quelque chose de très important.

— Et moi aussi... affirma M. Chèbe, dont
les trois cheveux se hérissèrent, pareils à des
lances de porc-épic.

En même temps il vint s'asseoir sur le divan
à côté de Delobelle, demanda comme lui une
canette et deux verres ; puis, les mains dans
les poches, le dos au mur, et carré sur sa base,
il attendit. Ces deux verres vides à côté l'un
de l'autre, destinés au même absent, avaient un
air de défi.

Et Risler qui n'arrivait pas !

Les deux buveurs silencieux s'impatientaient,
s'agitaient sur le divan, espérant toujours que
l'un des deux se lasserait.

bouts de phrases, Delobelle s'absorbait de plus en plus dans ses devis, faisait le dos énergique de l'homme qui n'écoute pas. Risler, embarrassé, buvait de temps en temps une gorgée de bière pour se donner une contenance. A la fin, quand M. Chèbe se fut calmé, et pour cause, son gendre se tourna en souriant vers l'illustre Delobelle, dont il rencontra le sévère regard impassible qui semblait dire : « Eh bien ! et moi ?... »

— Ah ! mon Dieu... c'est vrai... pensa le pauvre homme.

Changeant aussitôt de chaise et de verre, il vint se mettre devant le comédien ; mais M. Chèbe n'avait pas le monde de Delobelle. Au lieu de s'éloigner discrètement, il rapprocha sa chope et se mêla au groupe, si bien que le grand homme, qui ne voulait pas parler devant lui, remit solennellement pour la seconde fois ses papiers dans sa poche en disant à Risler :

— Nous verrons cela plus tard.

Très tard, en effet, car M. Chèbe s'était fait cette réflexion :

— Mon gendre est si bonasse... Si je le laisse avec ce carottier, qui sait ce qu'on va tirer de lui ?

Et il restait pour le surveiller. Le comédien était furieux. Remettre la chose à un autre jour ? Impossible, Risler venait de leur apprendre qu'il partait le lendemain pour aller passer un mois à Savigny.

— Un mois à Savigny?... dit M. Chèbe exaspéré de voir son gendre lui échapper..... Et les affaires?

— Oh! je viendrai à Paris tous les jours avec Georges... C'est M. Gardinois qui a tenu à revoir sa petite Sidonie.

M. Chèbe hocha la tête. Il trouvait cela bien imprudent. Les affaires sont les affaires. Il faut être là, toujours là, sur la brèche. Qui sait? la fabrique pouvait prendre feu, la nuit. Et il répétait d'un air sentencieux : « L'œil du maître, mon cher, l'œil du maître! » tandis qu'à côté de lui, le comédien — que ce départ n'arrangeait guère non plus — arrondissait son gros œil et lui donnait une expression à la fois subtile et autoritaire, la véritable expression de l'œil du maître.

Enfin, vers minuit, le dernier omnibus de Montrouge emporta le tyrannique beau-père, et Delobelle put parler :

— D'abord, le prospectus! dit-il, ne voulant pas aborder tout de suite la question de chiffres ; et, le lorgnon sur le nez, emphatique, toujours en scène, il commença : « Quand on considère froidement le degré de décrépitude où l'art dramatique est tombé en France, quand on mesure la distance qui sépare le théâtre de Molière... »

bonheur de son ménage était en jeu. Delobelle
fut stupéfait. Il croyait l'affaire dans le sac, et
tout ému, ses papiers à la main, regardait l'autre
avec des yeux ronds.

— Non! reprit Risler... Je ne peux pas faire
ce que vous me demandez... Voici pourquoi.

Lentement, avec sa lourdeur habituelle, le
brave garçon expliqua qu'il n'était pas riche.
Quoique associé d'une maison importante, il
n'avait pas d'argent disponible. Georges et lui
touchaient chaque mois une certaine somme à
la caisse; ensuite, à l'inventaire de fin d'année,
ils se partageaient les bénéfices. Son installation
lui avait coûté cher : toutes ses économies. Il y
avait encore quatre mois avant l'inventaire. Où
prendrait-il les 30,000 francs qu'il fallait donner
tout de suite pour l'acquisition du théâtre? Et
puis enfin, l'affaire pouvait ne pas réussir.

— C'est impossible... Bibi sera là! En parlant
ainsi, le pauvre Bibi redressait sa taille; mais
Risler était bien résolu, et tous les raisonnements de Bibi se brisaient toujours aux mêmes
dénégations : « Plus tard, dans deux ans, dans
trois ans, je ne dis pas... »

Le comédien lutta longtemps, défendant le
terrain pied à pied. Il proposa de refaire les
devis : On pourrait avoir la chose à meilleur
compte... — « Ce serait toujours trop cher pour
moi, interrompit Risler... Mon nom ne m'ap-

partient pas. Il fait partie de la raison sociale.
Je n'ai pas le droit de l'engager. Me voyez-vous
faisant faillite ? » Sa voix tremblait en prononçant ce mot de faillite.

— Mais puisque tout sera en mon nom ! disait
Delobelle, qui n'avait pas de superstition. Il
essaya de tout, invoqua les intérêts sacrés de
l'art, alla même jusqu'à parler des petites ac-
trices dont les œillades provocantes... Risler
eut un gros rire :

— Allons, allons, farceur !... Qu'est-ce que vous
me racontez-là... Vous oubliez que nous sommes
mariés tous les deux, même qu'il est très tard et
que nos femmes doivent nous attendre... Sans
rancune, n'est-ce pas ?... Ce n'est pas un refus,
vous comprenez bien... Tenez ! venez me voir
après l'inventaire. Nous en recauserons... Ah !
voilà le père Achille qui éteint son gaz... Je
rentre. Adieu !

Il était plus d'une heure du matin quand le
comédien rentra chez lui.

Les deux femmes l'attendaient en travaillant,
comme toujours, mais avec quelque chose de
fébrile et de vif qu'elles n'avaient pas d'habitude. A chaque instant, les grands ciseaux dont
la maman Delobelle se servait pour couper les
fils de laiton, étaient pris de frémissements sin-
guliers ; et les petits doigts de Désirée, en train
de monter une parure, donnaient le vertige à

regarder, tellement ils allaient vite. Étalées sur
la table devant elle, les longues plumes des
oiseaux-mouches semblaient avoir aussi ce je ne
sais quoi de plus brillant, d'un coloris plus riche
que les autres jours. C'est qu'une belle visiteuse
appelée l'Espérance était venue ce soir-là. Elle
avait fait ce grand effort de monter cinq étages
dans un escalier noir, et d'entre-bâiller la porte
du petit logis, pour y jeter un regard lumineux.
Quelques déceptions qu'on ait eues dans la vie,
ces lueurs magiques vous éblouissent toujours.

— Oh! si le père pouvait réussir! disait de
temps en temps la maman Delobelle, comme
pour résumer un monde de pensées heureuses
auxquelles sa rêverie s'abandonnait.

— Il réussira, maman, sois-en sûre. M. Risler
est si bon, je réponds de lui. Sidonie aussi nous
aime bien, quoique depuis son mariage elle pa-
raisse négliger un peu ses amis. Mais il faut
tenir compte des situations... D'ailleurs, je n'ou-
blierai jamais ce qu'elle a fait pour moi.

Et au souvenir de ce que Sidonie avait fait
pour elle, la petite boiteuse s'activait encore
plus fébrilement à son ouvrage. Ses doigts élec-
trisés s'agitaient avec un redoublement de vitesse.
On aurait dit qu'ils couraient après quelque
chose de fugitif, d'insaisissable, comme le bonheur, par exemple, ou l'amour de quelqu'un qui
ne vous aime pas.

« Qu'est-ce qu'elle a donc fait pour toi ? »
aurait dû lui demander la mère ; mais ce que
disait sa fille ne l'intéressait guère en ce moment. Elle ne pensait qu'à son grand homme :

— Hein ! crois-tu, fillette ?... Si le père allait
avoir un théâtre à lui, s'il allait se remettre à
jouer comme autrefois ! Tu ne te souviens pas,
tu étais trop petite alors. Mais c'est qu'il avait
un succès fou, des rappels ! Un soir, à Alençon,
les abonnés du théâtre lui ont donné une couronne d'or... Ah ! il était bien brillant, dans ce
temps-là, et si gai, si heureux de vivre ! Ceux
qui le voient maintenant ne le connaissent pas,
mon pauvre homme, le malheur l'a tellement
changé... Eh bien ! je suis sûre qu'il ne faudrait
qu'un peu de succès pour nous le rendre jeune
et content... Et puis, c'est qu'on gagne de l'argent dans les directions. A Nantes, le directeur
avait une voiture. Nous vois-tu avec une voiture ?... Non ! mais nous vois-tu ?... C'est ça qui
serait bon pour toi. Tu pourrais sortir, quitter
un peu ton fauteuil. Le père nous emmènerait
à la campagne. Tu verrais de l'eau, des arbres,
toi qui en as tant envie.

— Oh ! des arbres !... disait tout bas en frémissant la pâle petite recluse.

A ce moment, la grande porte de la maison
se referma violemment, et le pas correct de
M. Delobelle résonna dans le vestibule. Il y

appétit, n'ayant gardé de tout cela qu'un peu de lassitude, comme un comédien qui a joué dans sa soirée un rôle très long et très dramatique.

En pareil cas, le comédien qui a ému toute une salle et pleuré de vraies larmes sur la scène, n'y pense plus une fois dehors. Il laisse son émotion dans sa loge en même temps que son costume et ses perruques, tandis que les spectateurs plus naïfs, plus vivement impressionnés, rentrent chez eux les yeux rouges, le cœur serré ; et la surexcitation de leurs nerfs les tient éveillés encore bien longtemps.

La petite Désirée et la maman Delobelle ne dormirent pas beaucoup cette nuit-là !

heureuse, jamais Savigny ne lui avait semblé si beau. Quelle joie de promener son enfant sur les pelouses, où toute petite elle-même avait marché, de s'asseoir jeune mère sur les bancs ombragés d'où sa mère à elle surveillait ses jeux d'autrefois, d'aller reconnaître au bras de Georges les moindres coins où ils avaient joué ensemble. Elle éprouvait une satisfaction tranquille, ce plein bonheur des vies calmes qui se savoure en silence ; et tout le jour ses longs peignoirs traînaient sur les allées, ralentis par les petits pas de l'enfant, ses cris, ses exigences.

Sidonie se joignait peu à ces promenades maternelles. Elle disait que le bruit des enfants la fatiguait, et en cela se trouvait d'accord avec le vieux Gardinois, pour qui tout était prétexte à contrarier sa petite-fille. Il croyait y arriver en ne s'occupant que de Sidonie et lui faisant encore plus de fête qu'à son dernier séjour. Les voitures enfouies depuis deux ans sous la remise, et qu'on époussetait une fois par semaine parce que les araignées filaient leurs toiles sur les coussins de soie, furent mises à sa disposition. On attelait trois fois par jour, et la grille tournait sur ses gonds continuellement. Tout dans la maison suivit cette impulsion mondaine. Le jardinier soignait mieux les fleurs, parce que madame Risler choisissait les plus belles pour mettre dans ses cheveux à l'heure du dîner ; puis il venait des visites. On organisait des goûters, des parties que Mme Fromont jeune présidait, mais où Sidonie, avec sa vive allure, brillait sans partage. D'ailleurs Claire lui laissait souvent la place libre. L'enfant avait des heures de sommeil et de promenade, qu'aucun plaisir n'entravait jamais. La mère s'éloignait forcément, et même, le soir, elle était bien des fois privée d'aller avec Sidonie au-devant des deux associés revenant de Paris.

— Tu m'excuseras, disait-elle, en montant dans sa chambre.

Mme Risler triomphait. Élégante, oisive, elle s'en allait au galop des chevaux, inconsciente de la course rapide, sans penser.

Le vent frais qui soufflait sous son voile la faisait seulement vivre. Vaguement, entre ses cils à demi-fermés, une auberge aperçue à un tournant de route, des enfants mal habillés, à pied sur l'herbe près des ornières, lui rappelaient ses anciennes promenades du dimanche en compagnie de Risler et de ses parents ; et le petit frisson, qui la prenait à ce souvenir, l'installait mieux dans sa fraîche toilette mollement drapée, dans le bercement doux de la calèche, où sa pensée se rendormait heureuse et rassurée.

A la gare, d'autres voitures attendaient. On la regardait beaucoup. Deux ou trois fois elle entendit chuchoter tout près d'elle : « C'est Mᵐᵉ Fromont jeune... » Et le fait est qu'on pouvait s'y tromper à les voir revenir ainsi tous les trois du chemin de fer, Sidonie dans le fond à côté de Georges, riant et causant avec lui, Risler en face d'eux souriant paisiblement, un peu gêné par cette belle voiture, ses larges mains posées à plat sur les genoux. Cette idée qu'on la prenait pour Mᵐᵉ Fromont la rendait très fière, et chaque jour elle s'y habituait un peu plus. A l'arrivée, les deux ménages se séparaient jusqu'au dîner ; mais à côté de sa femme tranquillement installée près de la fillette endormie, Georges Fromont, trop jeune pour être enveloppé de l'intimité de son bonheur, pensait toujours à cette brillante Sidonie dont on entendait la voix sonner en roulades triomphantes sous les charmilles du jardin.

Pendant que tout son château se transformait aux caprices d'une jeune femme, le vieux Gardinois continuait son existence rétrécie de richard ennuyé, oisif et impotent. Ce qu'il avait encore trouvé de mieux comme distraction, c'était l'espionnage. Les allées et venues des domestiques, les propos qui se tenaient à la cuisine sur son compte, le panier plein de légumes et de fruits qu'on apportait tous les matins du potager à l'office, étaient l'objet d'investigations continuelles. Il n'y avait pas pour

Il faisait une nuit admirable, neigeuse. La lune, frôlant les cimes d'arbres, amassait des flocons lumineux entre les feuilles serrées. Les terrasses, blanches de rayons, où les terre-neuve allaient et venaient dans leurs toisons frisées, guettant des papillons de nuit, les eaux profondes étalées et unies, tout resplendissait d'un éclat muet, tranquille, comme reflété dans un miroir d'argent. Çà et là, au bord des pelouses, des vers-luisants étincelaient.

Sous l'ombre du paulownia, perdus dans ces profondeurs de nuit que fait autour d'elle la lune claire, les deux promeneurs restèrent un moment assis, silencieux. Tout à coup ils apparurent en pleine lumière, et leur groupe enlacé, languissant, traversa lentement le perron et se perdit dans la charmille.

— J'en étais sûr, se dit le vieux Gardinois, qui les reconnut. Et d'ailleurs, quel besoin avait-il de les reconnaître? Est-ce que le calme des chiens, l'aspect de la maison endormie, ne lui apprenaient pas mieux que tout quelle sorte de crime insolent, impuni, ignoré, hantait la nuit les allées de son parc? C'est égal, le vieux paysan fut enchanté de sa découverte. Sans lumière il revint se coucher en riant tout seul; et dans le petit cabinet plein d'armes de chasse, d'où il les avait guettés, croyant d'abord avoir affaire à des voleurs, le rayon de lune n'éclaira plus bientôt que les fusils rangés au mur, et des boîtes de cartouches de tous les numéros.

Ils avaient retrouvé leur amour au coin de la même avenue. Cette année qui venait de s'écouler, pleine d'hésitations, de combats vagues, de résistances, semblait n'avoir été qu'une préparation de leur rencontre. Et, faut-il le dire, une fois la faute commise, ils n'eurent que l'étonnement d'avoir tant tardé... Georges Fromont surtout était pris d'une passion folle. Il trompait sa femme, sa meilleure amie ; il trompait Risler, son associé, le compagnon fidèle de tous les instants.

C'était une abondance, un renouvellement perpétuel de remords, où son amour s'avivait de l'immensité de sa faute. Sidonie devint sa pensée constante, et il s'aperçut que jusqu'alors il n'avait pas vécu. Quant à elle, son amour était fait de vanités et de colères. Ce qu'elle savourait par-dessus tout, c'était l'humiliation de Claire à ses yeux. Ah ! si elle avait pu lui dire : « Ton mari m'aime... il te trompe avec moi... » son plaisir eût été encore plus grand. Pour Risler, il avait selon elle bien mérité ce qui lui arrivait. Dans son ancien jargon d'apprentie, qu'elle pensait encore si elle ne le parlait plus, le pauvre homme n'était qu'un

V

SIGISMOND PLANUS TREMBLE
POUR SA CAISSE

NE voiture, mon ami Chorche!... Une voiture, à moi!... Et pourquoi faire?

— Je vous assure, mon cher Risler, que cela vous est indispensable. Chaque jour, nos relations, nos affaires s'étendent; le coupé ne nous suffit plus. D'ailleurs, il n'est pas convenable de voir toujours un des associés en voiture et l'autre à pied. Croyez-moi! c'est une dépense nécessaire, et qui rentrera, bien entendu, dans les frais généraux de la maison. Allons! résignez-vous.

Ce fut une vraie résignation.

Il semblait à Risler qu'il volait quelque

chose en se payant ce luxe inouï d'une voiture ; pourtant, devant l'insistance de Georges,
il finit par céder, songeant à part lui :

— C'est Sidonie qui va être heureuse !

Le pauvre homme ne se doutait pas que
depuis un mois Sidonie avait choisi elle-même,
chez Binder, le coupé que Georges Fromont
voulait lui offrir et qu'on passait soi-disant
aux frais généraux pour ne pas effaroucher le
mari.

Il était si bien l'être destiné à se faire tromper
toute la vie, ce bon Risler ! Son honnêteté
naïve, cette confiance aux hommes et aux
choses, qui faisaient le fond de sa nature limpide, se doublaient encore depuis quelque temps
des inquiétudes que lui donnait la poursuite
de cette *imprimeuse Risler,* destinée à révolu-
tionner l'industrie des papiers peints, et qui,
à ses yeux, représentait son apport dans l'asso-
ciation. Sorti de ses épures, de son petit atelier
du premier, il avait constamment la physionomie absorbée des gens qui ont leur vie
d'un côté et leurs préoccupations d'un autre.
Aussi quel bonheur pour lui de trouver en
rentrant son intérieur bien calme, sa femme de
bonne humeur, toujours parée et souriante !
Sans s'expliquer le pourquoi de ce changement, il constatait que depuis quelque temps
la « petite » n'était plus la même à son égard.

Maintenant elle lui permettait de reprendre ses anciennes habitudes : la pipe au dessert, le petit somme après dîner, les rendez-vous à la brasserie avec M. Chèbe et Delobelle. Leur intérieur aussi s'était transformé, embelli. De jour en jour le confort y faisait place au luxe. De ces inventions faciles de jardinières fleuries, de salon ponceau, Sidonie arrivait aux raffinements de la mode, aux manies de meubles antiques et de faïences rares. Sa chambre était tendue de soie bleu tendre, capitonnée comme un coffre à bijoux. Un piano à queue d'un facteur célèbre s'étalait dans le salon à la place de l'ancien, et ce n'était plus deux fois par semaine, mais tous les jours qu'on voyait apparaître sa maîtresse de chant, Mme Dobson, une romance roulée à la main.

Type assez singulier que cette jeune femme d'origine américaine, dont les cheveux, d'un blond acide comme une pulpe de citron, s'écartaient sur un front révolté et des yeux de métal bleu. Son mari l'empêchant d'entrer au théâtre, elle donnait des leçons et chantait dans quelques salons bourgeois. A force de vivre dans ce monde factice des mélodies pour chant et piano, elle avait contracté une espèce d'exaspération sentimentale.

C'était la romance elle-même. Dans sa bouche, les mots « amour, passion » semblaient

malheureux ne se doutait pas que la moindre
loge à une « première » à la mode avait souvent coûté dix ou quinze louis à son associé.
C'était vraiment trop facile de tromper un
mari comme celui-là. Son inépuisable crédulité
acceptait tranquillement tous les mensonges ;
et puis, il ne connaissait rien de ce monde
factice où sa femme commençait déjà à être
connue. Jamais il ne l'accompagnait. Les
quelques fois où, dans tout le commencement
du mariage, il l'avait conduite au théâtre, il
s'était endormi honteusement, trop simple
pour se préoccuper du public, et d'esprit trop
lent pour s'intéresser au spectacle. Aussi
savait-il un gré infini à Mme Dobson de le
remplacer auprès de Sidonie. Elle le faisait de
si bonne grâce !

Le soir, quand sa femme partait, toujours
splendidement mise, il la regardait avec admiration, sans se douter du prix que coûtaient ses
toilettes, ni surtout de celui qui les payait, et,
libre de tout soupçon, il l'attendait au coin du
feu en dessinant, heureux de se dire : « Comme
elle doit s'amuser ! »

A l'étage au-dessous, chez les Fromont, la
même comédie se jouait, mais avec un renver-
sement de rôles. Ici, c'était la jeune femme qui
gardait le coin du feu. Tous les soirs, une
demi-heure après le départ de Sidonie, le grand

portail se rouvrait pour le coupé des Fromont, emportant monsieur à son Cercle. Que voulez-vous ? Il y a les exigences du commerce. C'est au Cercle, autour d'une table de bouillotte, que se brassent les grosses affaires, et il faut y aller, sous peine d'amoindrir sa maison. Claire croyait cela naïvement. Son mari parti, elle avait d'abord un moment de tristesse. Elle aurait tant aimé le garder près d'elle ou sortir à son bras, prendre un plaisir en commun. Mais la vue de l'enfant, qui gazouillait devant le feu et faisait aller ses petits pieds roses pendant qu'on la déshabillait, avait bien vite calmé la mère. Puis le grand mot « les affaires, » cette raison d'État des commerçants, était toujours là pour l'aider à se résigner.

Georges et Sidonie se rencontraient au théâtre. Ce qu'ils éprouvaient d'abord à se trouver ensemble, c'était une satisfaction de vanité. On les regardait beaucoup. Elle était vraiment jolie maintenant, et sa physionomie chiffonnée, qui avait besoin de toutes les excentricités de la mode pour faire son véritable effet, se les appropriait si bien qu'on les eût dites inventées exprès pour elle. Au bout d'un moment, ils s'en allaient, et Mme Dobson restait seule dans la loge. Ils avaient loué un petit appartement avenue Gabriel, au rond-point des Champs-Élysées, — le rêve de ces

Risler ne s'en émut pas :

— Que veux-tu que j'y fasse, mon vieux Sigismond ?... C'est son droit.

Et le brave garçon pensait comme il le disait. A ses yeux, Fromont jeune était le maître absolu de la maison. C'eût été beau, vraiment, qu'il se permît de faire des observations, lui, Risler, un ancien dessinateur ! Le caissier n'osa plus en parler, jusqu'au jour où on vint d'une grande maison de châles lui présenter une facture de six mille francs pour un cachemire.

Il alla trouver Georges dans son bureau :

— Faut-il payer, monsieur ?

Georges Fromont fut un peu ému. Sidonie avait oublié de le prévenir de cette nouvelle emplette ; elle en prenait à son aise vis-à-vis de lui maintenant.

— « Payez, payez, père Planus !... » fit-il avec une nuance d'embarras, et il ajouta : « Vous passerez cela au compte de Fromont jeune... C'est une commission dont on m'avait chargé... »

Ce soir-là, le caissier Sigismond, tout en allumant sa petite lampe, vit Risler qui traversait le jardin et tapa aux carreaux pour l'appeler.

— C'est une femme, lui dit-il tout bas... A présent j'en ai la preuve...

En prononçant ce mot terrible « une femme, »

sa voix grelottait de peur, perdue dans la grande rumeur de la fabrique. Le bruit du travail environnant paraissait sinistre en ce moment au malheureux caissier. Il lui semblait que toutes les machines en mouvement, l'immense cheminée lançant sa vapeur à flocons, le tumulte des ouvriers à leurs travaux divers, tout cela grondait, s'agitait, se fatiguait pour un petit être mystérieux vêtu de velours, paré de bijoux.

Risler se moqua de lui et ne voulut pas le croire. Il connaissait de longue date cette manie de son compatriote de voir en toute chose l'influence pernicieuse de la femme. Pourtant, les paroles de Planus lui revenaient quelquefois à l'esprit, surtout le soir, dans ses moments de solitude, quand Sidonie, partant au théâtre avec Mme Dobson, s'en allait après tout le train de sa toilette, laissant l'appartement bien vide sitôt que sa longue traîne avait passé le seuil. Des bougies brûlaient devant les glaces ; des menus objets de toilette dispersés, abandonnés, disaient les caprices extravagants et les dépenses exagérées. Risler ne voyait rien de tout cela ; seulement, quand il entendait la voiture de Georges rouler dans la cour, il éprouvait comme une impression de malaise et de froid en pensant qu'à l'étage au-dessous Mme Fromont passait ses soirées toute seule. Pauvre femme ! Si c'était vrai pourtant ce que disait Planus ?... Si Georges avait un ménage en ville ?... Oh ! ce serait affreux.

Alors, au lieu de se mettre au travail, il descendait doucement demander si madame était visible, et croyait de son devoir de lui tenir compagnie.

La fillette était déjà couchée ; mais le petit bonnet, les souliers bleus traînaient encore devant le feu avec quelques jouets. Claire lisait ou travaillait, ayant à côté d'elle sa mère silencieuse, toujours en train de frotter, d'épousseter fiévreusement, s'épuisant à souffler sur le boîtier de sa montre, et dix fois de suite, avec cet entêtement des manies qui commencent, remettant le même objet à la même place, d'un petit geste nerveux. Le brave Risler, lui non plus, n'était pas une compagnie bien égayante ; mais cela n'empêchait pas la jeune femme de l'accueillir avec bonté. Elle savait tout ce qu'on disait de Sidonie dans la fabrique ; et bien qu'elle n'en crût que la moitié, la vue de ce pauvre homme, que sa femme abandonnait si souvent, lui serrait le cœur. Une pitié réciproque faisait le fond de ces relations tranquilles, et rien n'était plus touchant que ces deux délaissés se plaignant mutuellement et essayant de se distraire.

Assis à cette petite table bien éclairée au milieu du salon, Risler se sentait peu à peu pénétré par la chaleur du foyer, l'harmonie des choses environnantes. Il retrouvait là des meubles qu'il connaissait depuis vingt ans, le portrait de son ancien patron ; et sa chère Mme « Chorche, » penchée près de lui sur quelques mignons ouvrages de couture, lui paraissait plus jeune et plus aimable encore parmi tous ces vieux souvenirs. De temps en temps elle se levait pour aller voir l'enfant endormie dans la pièce à côté et dont le souffle léger s'entendait aux intervalles de silence. Sans s'en rendre bien compte, Risler se trouvait mieux, plus chaudement que chez lui ; car certains jours son joli appartement, qui s'ouvrait à toute heure pour des départs ou des retours précipités, lui faisait l'effet d'une halle sans portes ni fenêtres, livrée aux quatre vents. Chez lui, on campait ; ici, on demeurait. Une main soigneuse disposait partout l'ordre et l'élégance. Les chaises en cercle avaient l'air de causer entre elles à voix basse, le feu brûlait avec un bruit charmant, et le petit bonnet de Mlle Fromont avait gardé dans tous ses nœuds de rubans bleus des sourires doux et des regards d'enfant.

Alors, pendant que Claire pensait qu'un si excellent homme aurait mérité une autre com-

VI

L'INVENTAIRE

LA maison que le vieux Planus habitait à Montrouge s'accotait contre celle où les Chèbe avaient vécu quelque temps. C'était le même étage unique élevé sur un rez-de-chaussée à trois fenêtres, le même petit jardin à treillage, les mêmes bordures de buis vert. Le vieux caissier demeurait là avec sa sœur. Il prenait le premier omnibus qui partait de la station le matin, revenait à l'heure du dîner, et, le dimanche, restait chez lui à soigner ses fleurs et ses poules. La vieille fille faisait le ménage, la cuisine, toute la couture de la maison. Jamais couple plus heureux.

Tous deux célibataires, ils étaient unis par une haine semblable du mariage. La sœur abhorrait tous les hommes, le frère avait toutes les femmes en défiance : avec cela ils s'adoraient, se considérant chacun comme une exception dans la perversité générale de leur sexe.

En parlant de lui, elle disait toujours : « Monsieur Planus, mon frère ! » et lui, avec la même solennité affectueuse, mettait des « Mademoiselle Planus, ma sœur ! » au milieu de toutes ses phrases. Pour ces deux êtres timides et naïfs, Paris, qu'ils ignoraient tout en le traversant journellement, était un repaire de monstres de deux espèces, occupés à se faire le plus de mal possible ; et lorsqu'un drame conjugal, quelque bavardage de quartier, arrivait jusqu'à eux, chacun, poursuivi de son idée, accusait un coupable différent.

— C'est la faute du mari, disait « Mademoiselle Planus, ma sœur. »

— C'est la faute de la femme, répondait « Monsieur Planus, mon frère. »

— Oh ! les hommes !...

— Oh ! les femmes !...

Et c'était là leur éternel sujet de discussion, à ces heures rares de flânerie que le vieux Sigismond se réservait dans sa journée si remplie et réglée bien droit comme ses livres de caisse. Depuis quelque temps surtout, le frère et la sœur apportaient dans leurs débats une animation extraordinaire. Ce qui se passait à la fabrique les préoccupait beaucoup. La sœur s'apitoyait sur Mme Fromont jeune et trouvait la conduite de son mari tout à fait indigne ; quant à Sigismond, il n'avait pas de mots assez amers contre la drôlesse inconnue qui envoyait faire payer à la caisse des cachemires de six mille francs. Pour lui, il y allait de la gloire et de l'honneur de cette vieille maison qu'il servait depuis sa jeunesse :

— Qu'est-ce que nous allons devenir ?... disait-il continuellement... Oh ! les femmes !...

Un jour, Mlle Planus tricotait près du feu en attendant son frère.

Le couvert était mis depuis une demi-heure, et la vieille fille commençait à s'inquiéter d'un retard aussi incroyable, quand Sigismond entra, la figure bouleversée, sans prononcer un mot, ce qui était contraire à toutes ses habitudes.

Il attendit que la porte fût bien fermée ; puis, devant la mine interrogative et troublée de sa sœur :

— J'ai du nouveau, dit-il à voix basse. Je sais quelle est la femme qui est en train de nous ruiner.

Plus bas encore, après un regard circulaire aux meubles muets de leur petite salle à

Risler aurait pu être si heureux! Lorsque je l'ai fait venir du pays avec son frère, il n'avait pas le sou ; et aujourd'hui il est à la tête d'une des premières maisons de Paris... Vous croyez qu'il va se tenir tranquille !... Ah ! bien, oui... Il faut que monsieur se marie... Comme si on avait besoin de se marier... Et encore, il épouse une Parisienne, un de ces petits chiffons mal peignés qui sont la ruine d'une maison honnête, quand il avait sous la main une brave fille à peu près de son âge, une enfant du pays, habituée au travail, et crânement charpentée, on peut le dire !...

Mᴵˡᵉ Planus, ma sœur, à la charpente de laquelle il était fait allusion, avait une occasion superbe de s'écrier : « Oh ! les hommes... les hommes !... » mais elle garda le silence. Ceci était une question très délicate, et peut-être, en effet, que si Risler avait voulu, dans le temps, il eût été le seul...

Le vieux Sigismond continua :

— Et voilà où nous en sommes... Depuis trois mois, la première fabrique de papiers peints de Paris est accrochée aux volants de cette rien-du-tout. Il faut voir comme l'argent file. Toute la journée je ne fais qu'ouvrir mon guichet devant les demandes de M. Georges. C'est toujours à moi qu'il s'adresse, parce que chez son banquier ça se verrait trop, tandis

qu'à la caisse l'argent va, vient, entre, sort...
Mais gare l'inventaire !... Ils seront jolis, leurs
comptes de fin d'année !... Ce qu'il y a de plus
fort, c'est que Risler aîné ne veut rien entendre.
Je l'ai prévenu plusieurs fois : « Prends garde !
M. Georges fait des folies pour cette femme... »
Ou il s'en va en haussant les épaules, ou bien
il me répond que cela ne le regarde pas et que
Fromont jeune est le maître... Vraiment, ce
serait à croire... ce serait à croire...

Le caissier n'acheva pas sa phrase ; mais son
silence fut gros de pensées dissimulées.

La vieille fille était consternée ; mais, comme
la plupart des femmes en pareil cas, au lieu de
chercher un remède au mal, elle s'égarait dans
une foule de regrets, de suppositions, de
lamentations rétrospectives... « Quel malheur de
n'avoir pas su cela plus tôt, quand ils avaient
encore les Chèbe pour voisins. Mᵐᵉ Chèbe
était une personne si honorable. On aurait pu
s'entendre avec elle pour qu'elle surveillât
Sidonie, qu'elle lui parlât sérieusement.

— Au fait, c'est une idée, interrompit Sigismond... Vous devriez aller rue du Mail prévenir les parents. J'avais d'abord pensé à
écrire au petit Frantz... Il a toujours eu beaucoup d'influence sur son frère, et lui seul au
monde pourrait lui dire certaines choses... Mais
Frantz est si loin... Et puis ce serait si terrible

24

brouhaha du commerce parisien. Les commis
qui passaient, leurs carnets d'échantillons sous
le bras, les camions des messageries, les omnibus,
les portefaix, les brouettes, le grand déballage
des marchandises aux portes voisines, ces paquets d'étoffes, de passementeries, qui frôlaient
la boue du ruisseau avant d'entrer dans les
sous-sols, dans ces trous noirs, bourrés de
richesses, où la fortune des maisons est en
germe, tout cela ravissait M. Chèbe.

Il s'amusait à deviner le contenu des ballots,
était le premier aux bagarres quand un passant
recevait quelque fardeau sur les pieds, ou que
les chevaux d'un camion, impatients et fou-
gueux, faisaient de la longue voiture en travers
dans la rue un obstacle à toute circulation. Il
avait en outre les mille distractions du petit
commerçant sans clients, la pluie à verse, les
accidents, les vols, les disputes...

A la fin de la journée, M. Chèbe ahuri,
abasourdi, fatigué du travail des autres, s'al-
longeait dans son fauteuil, et disait à sa
femme, en s'épongeant le front :

— Voilà la vie qu'il me fallait !... la vie
active !..

Mme Chèbe souriait doucement, sans répondre.
Rompue à tous les caprices de son mari, elle
s'était arrangée de son mieux dans une arrière-
boutique ayant vue sur une cour noire, se con-

brasserie !...» Et pourtant presque chaque soir
il allait y rejoindre Risler, et l'accablait de
reproches si l'autre manquait une fois au rendez-
vous.

Au fond de tout ce verbiage, le commerçant
de la rue du Mail — *commission, exportation* —
avait une idée bien nette. Il voulait quitter
son magasin, se retirer des affaires, et depuis
quelque temps il songeait à aller voir Sidonie
pour l'intéresser à ses nouvelles combinaisons.
Ce n'était donc pas le moment de faire des
scènes désagréables, de parler d'autorité pater-
nelle et d'honneur conjugal. Quant à Mme Chèbe,
un peu moins convaincue que tout à l'heure
de l'infaillibilité de sa fille, elle s'enfermait
dans le plus profond silence. La pauvre femme
aurait voulu être sourde, aveugle, n'avoir
jamais connu Mlle Planus.

Comme tous ceux qui ont été très malheureux, elle aimait à s'engourdir dans un semblant de tranquillité, et l'ignorance lui semblait
préférable à tout. La vie n'était donc pas assez
triste, bon Dieu ! Et puis enfin Sidonie avait
toujours été une brave fille ; pourquoi ne serait-
elle pas une brave femme ?

Le jour tombait.

Gravement, M. Chèbe se leva pour fermer
les volets de la boutique et allumer un bec de
gaz qui éclaira la nudité des murs, le brillant

des casiers vides, tout ce singulier intérieur
assez pareil à un lendemain de faillite. Silencieux, la bouche pincée dédaigneusement dans
une résolution de mutisme, il avait l'air de
dire à la vieille fille : « La journée est finie...
c'est l'heure de rentrer chez soi... » Et pendant
ce temps on entendait Mme Chèbe qui sanglo-
tait dans l'arrière-boutique, en allant et venant
autour du souper.

Mlle Planus en fut pour sa visite.

— Eh bien ? lui demanda le vieux Sigismond,
qui l'attendait avec impatience.

— Ils n'ont pas voulu me croire, et on m'a
mise poliment à la porte.

Elle en avait les larmes aux yeux, de son
humiliation.

Le vieux devint tout rouge, et lui prenant
la main avec un grand respect :

— Mademoiselle Planus, ma sœur, lui dit-il
gravement, je vous demande pardon de vous
avoir fait faire cette démarche ; mais il s'agissait de l'honneur de la maison Fromont.

A partir de ce moment, Sigismond devint de
plus en plus triste. Sa caisse ne lui paraissait
plus sûre ni solide. Même quand Fromont
jeune ne lui demandait pas d'argent, il avait
peur ; et il résumait toutes ses craintes par
trois mots qui lui revenaient continuellement
en causant avec sa sœur :

des employés du « Louvre » dont la lourde voiture s'arrêtait à la porte avec un bruit de grelots, comme une diligence traînée par de forts
chevaux qui menaient la maison Fromont à la
faillite en grande vitesse.

Sigismond comptait les paquets, les pesait
de l'œil au passage, et, par les fenêtres ouvertes,
pénétrait curieusement dans l'intérieur des
Risler. Les tapis qu'on secouait à grand
fracas, les jardinières amenées au soleil, pleines
de fleurs maladives, hors saison, chères et
rares, les tentures éblouissantes, rien ne lui
échappait.

Les acquisitions nouvelles du ménage lui
sautaient aux yeux, se rapportant à quelque
forte demande d'argent.

Mais ce qu'il étudiait encore plus que tout,
c'était la physionomie de Risler.

Pour lui, cette femme était en train de
changer son ami, le meilleur, le plus honnête
des hommes, en un coquin effronté. Pas le
moindre doute à garder là-dessus. Risler savait
son déshonneur, il l'acceptait. On le payait
pour se taire.

Certainement il y avait quelque chose de
monstrueux dans une supposition pareille.
Mais c'est le propre des natures candides, qui
apprennent le mal sans l'avoir jamais connu,
d'aller tout de suite trop loin, au delà. Une

fois convaincu de la trahison de Sidonie et de Georges, l'infamie de Risler avait semblé au caissier moins impossible à admettre. Et d'ailleurs, comment s'expliquer autrement cette insouciance devant les dépenses de l'associé?

Ce brave Sigismond, dans son honnêteté mesquine et routinière, ne pouvait pas comprendre la délicatesse de cœur de Risler. En même temps ses habitudes méthodiques de teneur de livres et sa clairvoyance commerciale étaient à cent lieues de ce caractère distrait, étourdi, moitié artiste, moitié inventeur. Il jugeait tout cela d'après lui-même, ne pouvant deviner ce que c'est qu'un homme en mal d'invention, enfermé dans une idée fixe. Ces gens-là sont des somnambules. Ils regardent sans voir, les yeux en dedans.

Pour Sigismond, Risler y voyait.

Cette pensée rendait le vieux caissier très malheureux. Il commença à dévisager son ami, chaque fois que celui-ci entrait à la caisse; ensuite, découragé par cette indifférence impassible qu'il croyait préméditée et voulue, plaquée sur son visage comme un masque, il finit par se détourner, cherchant dans les paperasses pour éviter ces regards faux, et ne parlant plus à Risler que les yeux fixés sur les allées du jardin ou sur l'entre-croisement du grillage. Ses paroles mêmes étaient toutes déroutées,

d'être devenue Mme Risler aîné... Dieu sait ce qu'il se débite d'infamies sur mon compte... Et votre caissier n'a pas sa langue dans sa poche, je vous en réponds... Quel méchant homme !

Ces quelques mots eurent leur effet. Risler, indigné, trop fier pour se plaindre, rendit froideur pour froideur. Ces honnêtes gens, pleins de défiance l'un pour l'autre, ne pouvaient plus se rencontrer sans un mouvement pénible, si bien qu'au bout de quelque temps Risler aîné finit par ne plus jamais entrer à la caisse. Cela lui était facile d'ailleurs, Fromont jeune étant chargé de toutes les questions d'argent. On lui montait son mois tous les trente. Il y eut là une facilité de plus pour Georges et Sidonie, et la possibilité d'une foule de tripotages infâmes.

Elle s'occupait alors de compléter son programme de vie luxueuse. Il lui manquait une maison de campagne. Au fond, elle détestait les arbres, les champs, les routes qui vous inondent de poussière : — « Tout ce qu'il y a au monde de plus triste, » disait-elle. Seulement Claire Fromont passait l'été à Savigny. Dès les premiers beaux jours, on faisait les malles à l'étage au-dessous, on décrochait les rideaux ; et une grande voiture de déménagement, où le berceau de la fillette balançait sa nacelle bleue,

s'en allait vers le château du grand-père. Puis
un matin, la mère, la grand'mère, l'enfant et la
nourrice, tout un fouillis d'étoffes blanches, de
voiles légers, partait au grand trot de deux
chevaux vers le soleil des pelouses et l'ombre
adoucie des charmilles.

Alors Paris était laid, dépeuplé ; et quoique
Sidonie l'aimât, même dans cette saison d'été
qui le chauffe comme une fournaise, il lui en
coûtait de penser que toutes les élégances,
les richesses parisiennes, se promenaient au
long des plages sous leurs ombrelles claires, et
faisaient du voyage un prétexte à mille inventions nouvelles, à des modes originales très
risquées, où il est permis de montrer qu'on a
une jolie jambe et des cheveux châtains annelés
et longs bien à soi.

Les bains de mer ? il n'y fallait pas penser ;
Risler ne pouvait pas s'absenter.

Acheter une campagne ? on n'en avait pas
encore les moyens.

L'amant était bien là, qui n'aurait pas mieux
demandé que de satisfaire ce nouveau caprice ;
mais une maison de campagne ne se dissimule
pas comme un bracelet, comme un cachemire.
Il fallait la faire accepter par le mari. Ce
n'était pas facile ; pourtant avec Risler on pouvait essayer.

Pour préparer les voies, elle lui parlait sans

VII

UNE LETTRE

A Monsieur Frantz Risler,
Ingénieur de la Compagnie française,
Ismaïlia (Égypte).

RANTZ, mon garçon, c'est le vieux Sigismond qui t'écrit. Si je saurais mieux mettre mes idées sur le papier, j'en aurais bien long à te raconter. Mais ce sacré français est trop difficile ; et sorti de ses chiffres, Sigismond Planus ne vaut rien. Alors, je vais te dire vite ce qu'il s'agit.

Il se passe dans la maison de ton frère des choses qui ne sont pas bien. Cette femme le

trompe avec l'associé. Elle a rendu son mari
ridicule, et si ça continue, elle le fera passer
pour un coquin... Écoute-moi, mon petit Frantz,
il faut que tu viendrais tout de suite. Il n'y a
que toi qui peux parler à Risler et lui ouvrir
les yeux sur cette Sidonie. Nous autres, il ne
nous croirait pas. Vite, demande un congé et
viens.

Je sais que tu as ton pain à gagner là-bas,
ton avenir à faire ; mais un homme d'honneur
doit tenir par-dessus tout à son nom, que ses
parents lui ont donné. Eh bien ! moi, je te dis
que si tu ne viens pas tout de suite, il arrivera
un moment où ton nom de Risler aura tant de
honte dessus, que tu n'oseras plus le porter.

SIGISMOND PLANUS,
Caissier.

LIVRE TROISIÈME

—

I

LE JUSTICIER

ES personnes qui vivent toujours enfermées, attachées à leur coin de vitre par le travail ou les infirmités, de même qu'elles se font un horizon des murs, des toits, des fenêtres voisines, s'intéressent aussi aux gens qui passent.

Immobiles, elles s'incarnent dans la vie de la rue, et tous ces affairés qui leur apparaissent, quelquefois tous les jours aux mêmes

mais il me semble qu'il n'est pas encore sept heures... Avec qui est-il donc, le vieux caissier ?... Que c'est drôle !... On dirait... Mais oui... On dirait M. Frantz... Ce n'est pas possible pourtant... M. Frantz est bien loin d'ici, en ce moment ; et puis il n'avait pas de barbe... C'est égal ! ça lui ressemble beaucoup... Regarde donc, fillette.

Mais fillette ne quitte pas son fauteuil ; elle ne bouge même pas. Les yeux perdus, l'aiguille en l'air, immobilisée dans son joli geste d'activité, elle est partie pour le pays bleu, cette contrée merveilleuse où l'on va librement, sans souci d'aucune infirmité. Ce nom de Frantz, prononcé machinalement par sa mère, au hasard d'une ressemblance, c'est pour elle tout un passé d'illusions, de chaudes espérances, passagères comme la rougeur qui lui montait aux joues, quand le soir, en rentrant, il venait causer un moment avec elle. Comme tout cela est loin déjà ! Dire qu'il habitait la petite chambre à côté, qu'on entendait son pas dans l'escalier, et sa table qu'il traînait près de la fenêtre pour dessiner ! Quel chagrin et quelle douceur elle avait à l'écouter parler de Sidonie, assis à ses pieds sur la chaise basse, pendant qu'elle montait ses mouches et ses oiseaux.

Tout en travaillant, elle l'encourageait, le con-

solait, car Sidonie avait causé bien des petits
chagrins à ce pauvre Frantz avant de lui en
faire un grand. Le son de sa voix quand il parlait de l'autre, l'éclat de ses yeux en y pensant,
la charmaient malgré tout, si bien que quand il
était parti, désespéré, il avait laissé derrière lui un
amour plus grand encore que celui qu'il emportait, un amour que la chambre toujours pareille,
la vie sédentaire et immobile, garderaient intact
avec tout son parfum amer, tandis que le sien
au ciel ouvert des grandes routes se dissiperait,
s'évaporerait peu à peu.

... Le jour baisse tout à fait. Une immense
tristesse envahit la pauvre fille, avec l'ombre de
ce soir si doux. La lueur heureuse du passé
diminue pour elle, comme le filet de jour dans
l'embrasure étroite de la fenêtre où la mère est
restée accoudée.

Tout à coup la porte s'ouvre... Quelqu'un est
là, qu'on ne distingue pas bien... Qui cela peut-il
être? Les dames Delobelle ne reçoivent jamais
de visites. La mère, qui s'est retournée, a d'abord
cru qu'on venait de leur magasin chercher l'ouvrage de la semaine:

— Mon mari vient d'aller chez vous, monsieur... Nous n'avons plus rien ici. M. Delobelle
a tout reporté.

L'homme s'avance sans répondre, et à mesure
qu'il approche de la fenêtre, sa silhouette se

dessine. C'est un grand gars solide, bronzé, la barbe épaisse et blonde, la voix forte, l'accent un peu lourd :

— Ah çà, maman Delobelle, vous ne me reconnaissez donc pas?

— Oh! moi, monsieur Frantz, je vous ai reconnu tout de suite, dit Désirée bien tranquillement, d'un ton froid et posé.

— Miséricorde! c'est M. Frantz.

Vite, vite, la maman Delobelle court à la lampe, allume, ferme la croisée :

— Comment! c'est vous, mon ami Frantz!... De quel air tranquille elle dit ça, cette petite : Je vous ai bien reconnu... Ah! le petit glaçon!... Elle sera toujours la même.

Un vrai petit glaçon en effet. Elle est pâle, pâle; et dans la main de Frantz, sa main est toute blanche, toute froide.

Il la trouve embellie, encore plus affinée.

Elle le trouve superbe comme toujours, avec une expression de lassitude et de tristesse au fond des yeux, qui le rend plus homme qu'au départ.

Sa lassitude vient de ce voyage précipité, entrepris au reçu de la terrible lettre de Sigismond. Aiguillonné par ce mot de déshonneur, il est parti sur-le-champ sans attendre son congé, risquant sa fortune et sa place; et de paquebots en chemins de fer, il ne s'est arrêté qu'à Paris.

lui révéler ce qui se passait, d'un coup d'œil.

Malheureusement, il n'avait trouvé personne.

Les persiennes du petit hôtel au fond du jardin étaient fermées depuis quinze jours.

Le père Achille lui apprit que ces dames habitaient leurs campagnes respectives, où les deux associés allaient les rejoindre tous les soirs.

Fromont jeune avait quitté les magasins de très bonne heure ; Risler aîné venait de partir.

Frantz se décida à parler au vieux Sigismond. Mais c'était samedi, soir de paye, et il dut attendre que la longue file d'ouvriers qui commençait à la loge d'Achille pour finir au grillage du caissier, se fût peu à peu écoulée.

Quoique impatient et bien triste, ce brave garçon, qui avait eu depuis l'enfance la vie des ouvriers de Paris, éprouvait du plaisir à se retrouver au milieu de cette animation, de ces mœurs si spéciales. Il y avait sur tous ces visages honnêtes ou vicieux le contentement de la semaine finie. On sentait que le dimanche commençait pour eux le samedi soir, à sept heures, devant la petite lampe du caissier.

Il faut avoir vécu parmi les commerçants pour connaître tout le charme de ce repos d'un jour et sa solennité. Beaucoup de ces pauvres gens enchaînés à des labeurs malsains attendent ce dimanche béni comme une bouffée d'air respi-

rable, nécessaire à leur santé et à leur vie.
Aussi quel épanouissement, quel besoin de
gaieté bruyante ! Il semble que l'oppression
du travail de la semaine se dissipe en même
temps que la vapeur des machines qui s'é-
chappe en sifflant et en fumant au-dessus des
ruisseaux.

Tous les ouvriers s'éloignaient du grillage,
en comptant l'argent éclatant dans leurs mains
noires. C'étaient des déceptions, des murmures,
des réclamations, des heures manquées, de
l'argent pris à l'avance ; et dans le tintement
des gros sous on entendait la voix de Sigismond, calme et impitoyable, défendant les
intérêts des patrons jusqu'à la férocité.

Frantz connaissait tous les drames de la
paye, les fausses intonations et les vraies. Il
savait que l'un réclamait pour la famille, pour
payer le boulanger, le pharmacien, des mois
d'école. L'autre pour le cabaret, et pis encore.
Les ombres tristes, accablées, passant et repas-
sant devant le portail de la fabrique, jetant de
longs regards au fond des cours, il savait ce
qu'elles attendaient, qu'elles guettaient toutes
un père ou un mari pour le ramener bien vite
au logis d'une voix grondeuse et persuasive.

Oh ! les enfants nu-pieds, les tout petits enveloppés de vieux châles, les femmes sordides,
dont les visages noyés de larmes arrivent à

caissier en remuant la tête... *chai bas gonfianze...*

Puis, baissant la voix, il ajoutait :

— Mais ton frère, mon petit Frantz, ton frère?... Qui nous l'expliquera? Il s'en va dans tout cela les yeux en l'air, les mains dans les poches, l'idée à sa fameuse invention, qui malheureusement ne sort pas vite... Tiens! veux-tu que je te dise?... C'est un coquin, ou c'est une bête.

Tout en parlant ils se promenaient de long en large dans le petit jardin, s'arrêtaient, reprenaient leur marche. Frantz croyait vivre dans un mauvais rêve. La rapidité du voyage, ce changement brusque de lieu et de climat, le flot de paroles de Sigismond qui n'arrêtait pas, l'idée nouvelle qu'il fallait se faire de Risler et de Sidonie, cette Sidonie qu'il avait tant aimée, toutes ces choses l'étourdissaient, le rendaient comme fou.

Il était tard. La nuit venait. Sigismond lui proposa de l'emmener coucher à Montrouge; il refusa, prétextant la fatigue; et resté seul dans le Marais, à cette heure douteuse et triste du jour qui finit et du gaz qu'on n'a pas encore allumé, il alla machinalement vers son ancien logis de la rue de Braque.

A la porte de l'allée, un écriteau était pendu : *Chambre de garçon à louer.*

C'était justement la chambre où il avait vécu

28

cabotin d'une voix mélodramatique en battant
l'air de ses mains convulsives ; puis, après une
longue et emphatique accolade, il présenta ses
convives les uns aux autres :

— M. Robricart, du théâtre de Metz.

— M. Chandezon, du théâtre d'Angers.

— Frantz Risler, ingénieur.

Dans la bouche de Delobelle, ce mot d'ingénieur prenait des proportions !

Désirée eut une jolie moue, en voyant les
amis de son père. C'eût été si beau d'être en
famille un jour comme aujourd'hui ! Mais le
grand homme se moquait bien de cela. Il avait
assez à faire à débarrasser ses poches. D'abord
il en tira un superbe pâté : « Pour ces dames, »
disait-il, oubliant qu'il l'adorait. Un homard
parut ensuite ; puis un saucisson d'Arles, des
marrons glacés, des cerises, les premières !

Pendant que le financier enthousiaste rehaus-
sait un col de chemise invisible, que le comique faisait « gnouf ! gnouf ! » d'un geste oublié
des Parisiens depuis dix ans, Désirée pensait
avec terreur au trou immense que ce repas im-
provisé allait creuser dans les pauvres ressources
de la semaine, et la maman Delobelle, affairée,
bouleversait tout le buffet pour trouver le nom-
bre de couverts suffisant.

Le repas fut très gai. Les deux comédiens
dévoraient, à la grande joie de Delobelle, qui

remuait avec eux de vieux souvenirs de cabotinage. Rien de plus lugubre. Imaginez des débris de portants, des lampions éteints, un vieux fonds d'accessoires moisis et tombant en miettes.

Dans une espèce d'argot familier, trivial, tutoyeur, ils se rappelaient leurs innombrables succès ; car tous trois, à les entendre, avaient été acclamés, chargés de couronnes, portés en triomphe par des villes entières.

Tout en parlant, ils mangeaient comme mangent les comédiens, assis de trois quarts, face au public, avec cette fausse hâte des convives de théâtre devant un souper de carton, cette façon d'alterner les mots et les bouchées, de chercher des effets en posant son verre, en rapprochant sa chaise, d'exprimer l'intérêt, l'étonnement, la joie, la terreur, la surprise, à l'aide d'un couteau et d'une fourchette savamment manœuvrés. La maman Delobelle les écoutait en souriant.

On n'est pas la femme d'un acteur depuis trente ans, sans avoir un peu pris l'habitude de ces singulières façons d'être.

Mais un petit coin de la table se trouvait séparé du reste des convives comme par une nuée qui interceptait les mots bêtes, les gros rires, les vanteries. Frantz et Désirée se parlaient à demi-voix, sans rien entendre de ce qui se di-

à son projet de théâtre, et d'ailleurs, ne cachait pas sa rancune :

— Si tu savais, disait-il à Frantz, si tu savais quel gaspillage il y a là-dedans! C'est une pitié... Et rien de solide, rien d'intelligent... Moi qui te parle, j'ai demandé à ton frère une petite somme pour me faire un avenir et lui assurer à lui des bénéfices considérables. Il m'a refusé net... Parbleu! madame est bien trop exigeante. Elle monte à cheval, va aux courses en voiture et vous mène son mari du même train que son petit panier sur le quai d'Asnières... Entre nous, je ne le crois pas bien heureux, ce brave Risler... Cette petite femme-là lui en fait voir de toutes les couleurs...

L'ex-comédien termina sa tirade par un clignement d'yeux à l'adresse du comique et du financier, et pendant un moment il y eut entre eux un échange de mines, de grimaces convenues, des « hé! hé! » des « hum! hum! » toute la pantomime des sous-entendus.

Frantz était atterré. Malgré lui, l'horrible certitude lui arrivait de tous côtés. Sigismond avait parlé avec sa nature, Delobelle avec la sienne. Le résultat était le même.

Heureusement le dîner finissait. Les trois acteurs se levèrent de table et s'en allèrent à la brasserie de la rue Blondel. Frantz resta avec les deux femmes.

Encore un bien bon être que cette Mme Dobson...
Une seule chose le tourmentait, ce pauvre Risler :
c'était sa brouille incompréhensible avec Sigismond. Frantz l'aiderait peut-être à éclaircir ce
mystère.

— Oh! oui, je t'y aiderai, frère, répondait
Frantz les dents serrées ; et le rouge de la colère
lui montait au front à l'idée qu'on avait pu
soupçonner cette franchise, cette loyauté, qui
s'étalaient devant lui dans leur expression spon-
tanée et naïve. Heureusement il arrivait, lui, le
justicier ; et il allait remettre toutes choses en
place.

Cependant on approchait de la maison d'Asnières. Frantz l'avait déjà remarquée de loin à
un caprice d'escalier en tourelle tout luisant
d'ardoises neuves et bleues. Elle lui parut faite
exprès pour Sidonie, la vraie cage de cet oiseau
au plumage capricieux et voyant.

C'était un chalet à deux étages, dont les
glaces claires, les rideaux doublés de rose s'apercevaient du chemin de fer, miroitant au fond
d'une pelouse verte, où pendait une énorme
boule de métal anglais.

La rivière coulait tout près, encore parisienne,
encombrée de chaînes, d'établissements de bains,
de gros bateaux, et secouant à la moindre vague
des tas de petits canots très légers, liés au port,
avec la poussière du charbon sur leurs noms

prétentieux et tout frais peints. De ses fenêtres,
Sidonie pouvait voir les restaurants du bord de
l'eau, silencieux en semaine, débordant le dimanche d'une foule bigarrée et bruyante, dont
les gaietés se mêlaient aux plongeons lourds
des rames et partaient des deux rives pour se
rejoindre au-dessus de la rivière dans ce courant
de rumeurs, de cris, d'appels, de rires, de chansons, qui, les jours de fêtes, monte et redescend
ininterrompu sur dix lieues de Seine.

En semaine, on voyait errer des gens dé-
braillés, désœuvrés et flâneurs, des hommes en
chapeaux de grosse paille larges et pointus, en
vareuses de laine, des femmes qui s'asseyaient
sur l'herbe usée des talus, inactives, avec l'œil
qui rêve des vaches au pâturage. Tous les forains,
les joueurs d'orgue, les harpistes, les saltim-
banques en tournée, s'arrêtaient là comme à
une banlieue. Le quai en était encombré, et les
petites maisons qui le bordaient, s'ouvrant toujours à leur approche, des camisoles blanches,
mal attachées, des chevelures en désordre, une
pipe flâneuse, se montraient aux fenêtres, guettant comme un regret de Paris tout voisin ces
trivialités ambulantes.

C'était triste et laid.

L'herbe à peine poussée jaunissait sous les
pas. La poussière était noire ; et pourtant, chaque jeudi, la haute cocotterie passait par là,

— Comment! Chorche, vous voilà ?... Je vous croyais à Savigny...

— Mais, oui, figurez-vous... J'étais venu... Je pensais que le dimanche vous restiez à Asnières... C'était pour vous parler d'une affaire...

Vivement, en s'entortillant dans ses phrases, il se mit à l'entretenir d'une commande importante. Après quelques paroles insignifiantes échangées avec Frantz impassible, Sidonie avait disparu. Mme Dobson continuait ses trémolos en sourdine, pareils à ceux qui accompagnent au théâtre les situations critiques.

Le fait est que celle-là était assez tendue. Seulement la bonne humeur de Risler chassait toute contrainte. Il s'excusait auprès de son associé de ne s'être pas trouvé là, voulait montrer la maison à Frantz. On alla du salon à l'écurie, de l'écurie aux offices, aux remises, à la serre. Tout était neuf, brillant, luisant, trop petit, incommode.

— Mais, disait Risler avec une certaine fierté, il y en a pour beaucoup d'argent !

Il tenait à faire admirer l'acquisition de Sidonie dans ses moindres détails, montrait le gaz et l'eau arrivant à tous les étages, les sonnettes perfectionnées, les meubles du jardin, le billard anglais, l'hydrothérapie, et tout cela avec des élans de reconnaissance à l'adresse de

Fromont jeune qui, en l'associant à sa maison, lui avait positivement mis dans la main une fortune.

A chaque nouvelle effusion de Risler, Georges Fromont se dérobait, honteux et gêné sous le regard singulier de Frantz.

Le déjeuner manqua d'entrain.

Mme Dobson parlait presque toute seule, heureuse de nager en pleine intrigue romanesque. Connaissant, ou plutôt croyant connaître à fond l'histoire de son amie, elle comprenait la colère sourde de Frantz, un ancien amoureux furieux de se voir remplacé, l'inquiétude de Georges, troublé par l'apparition d'un rival, encourageait l'un d'un regard, consolait l'autre d'un sourire, admirait la tranquillité de Sidonie, et réservait tout son dédain pour cet abominable Risler, le tyran grossier et farouche. Ses efforts tendaient surtout à ne pas laisser s'établir autour de la table ce silence terrible que les fourchettes entre-choquées scandent d'une façon ridicule et gênante.

Sitôt le déjeuner fini, Fromont jeune annonça qu'il retournait à Savigny. Risler aîné n'osa pas le retenir, en songeant que sa chère Mme Chorche passerait son dimanche toute seule ; et, sans avoir pu dire un mot à sa maîtresse, l'amant s'en alla par le grand soleil prendre un train de l'après-midi, toujours es-

corté du mari, qui s'entêta à le reconduire jusqu'à la gare.

Mᵐᵉ Dobson s'assit un moment avec Frantz
et Sidonie sous une petite tonnelle qu'une
vigne grimpante étoilait de ses bourgeons roses ;
puis, comprenant qu'elle les gênait, elle rentra
dans le salon, et, comme tout à l'heure, pendant que Georges était là, elle se mit à jouer
et à chanter doucement, expressivement. Dans
le jardin silencieux, cette musique étouffée, glissant à travers les branches, faisait comme un
roucoulement d'oiseau avant l'orage.

Enfin ils étaient seuls.

Sous le treillage de la tonnelle, encore nu
et vide de feuilles, le soleil de mai brûlait trop.
Sidonie s'abritait de la main en regardant les
passants du quai. Frantz regardait dehors, lui
aussi, mais d'un autre côté ; et tous deux, en
affectant d'être tout à fait indépendants l'un
de l'autre, se retournèrent au même instant
dans une conformité de geste et de pensée.

— J'ai à vous parler, lui dit-il, juste au moment où elle ouvrait la bouche.

— Moi aussi, répondit-elle d'un air grave ;
mais, venez par ici... nous serons mieux.

Et ils entrèrent ensemble dans un petit pavillon bâti au fond du jardin.

A la minute son plan fut fait. Maintenant il s'agissait de le mettre en œuvre.

Le pavillon où ils venaient d'entrer, une grande pièce circulaire dont les quatre fenêtres regardaient des paysages différents, était meublé pour les siestes d'été, pour les heures chaudes où l'on cherche un refuge contre le soleil et les bourdonnements du jardin. Un large divan très bas en faisait le tour. Une petite table de laque, très basse aussi, traînait au milieu, chargée de numéros dépareillés de journaux mondains.

Les tentures étaient fraîches, et les dessins de la perse — des oiseaux volant parmi des roseaux bleuâtres — faisaient bien l'effet d'un rêve d'été, une image légère flottant devant les yeux qui se ferment. Les stores abaissés, la natte étendue sur le parquet, le jasmin de Virginie qui s'entrelaçait au dehors tout le long du treillage, entretenaient une grande fraîcheur, accrue par le bruit voisin de la rivière sans cesse remuée et par l'éclaboussement de ses petites vagues sur la berge.

Sidonie, sitôt entrée, s'assit en renvoyant sa longue jupe blanche, qui s'abattit comme une tombée de neige au bas du divan ; et, les yeux clairs, la bouche souriante, penchant un peu sa petite tête dont le nœud de côté augmentait encore la mutinerie capricieuse, elle attendit.

Frantz, très pâle, restait debout, regardant
autour de lui. Puis, au bout d'un moment :

— Je vous fais mon compliment, madame,
dit-il ; vous vous entendez au confortable.

Et tout de suite, comme s'il avait craint que,
prise de si loin, la conversation n'arrivât pas
assez vite où il voulait l'amener, il reprit brutalement :

— A qui devez-vous tout ce luxe ?... Est-ce à
votre mari, ou à votre amant ?...

Sans bouger du divan, sans même lever les
yeux sur lui, elle répondit :

— A tous les deux.

Il fut un peu déconcerté par tant d'aplomb.

— Vous avouez donc que cet homme est votre
amant ?

— Tiens !... parbleu !...

Frantz la regarda une minute, sans parler.
Elle avait pâli, elle aussi, malgré son calme, et
l'éternel petit sourire ne frétillait plus au coin
de la bouche.

Alors, lui :

— Écoutez-moi bien, Sidonie. Le nom de
mon frère, ce nom qu'il a donné à sa femme, est
le mien aussi. Puisque Risler est assez fou, assez
aveugle pour le laisser déshonorer par vous,
c'est à moi qu'il appartient de le défendre contre
vos atteintes... Donc, je vous engage à prévenir
M. Fromont qu'il ait à changer de maîtresse au

plus·vite, et qu'il aille se faire ruiner ailleurs...
Sinon...

— Sinon? demanda Sidonie, qui pendant
qu'il parlait n'avait cessé de jouer avec ses
bagues.

— Sinon j'avertis mon frère de ce qui se passe
chez lui ; et vous serez surprise du Risler que
vous connaîtrez, alors aussi violent, aussi redoutable qu'il est inoffensif d'ordinaire. Ma révé-
lation le tuera peut-être, mais vous pouvez être
sûre qu'il vous tuera avant.

Elle haussa les épaules :

— Eh ! qu'il me tue !... Qu'est-ce que ça me
fait ?

Ce fut dit d'un air si navré, si détaché de tout,
que Frantz, malgré lui, se sentit un peu de pitié
pour cette belle créature, jeune, heureuse, qui
parlait de mourir avec un tel abandon d'elle-
même.

— Vous l'aimez donc bien ? lui dit-il d'une
voix déjà vaguement radoucie... Vous l'aimez
donc bien, ce Fromont, que vous préférez mourir
que de renoncer à lui ?

— Moi ? aimer ce gandin, ce chiffon, cette
fille niaise habillée en homme ?... Allons donc !...
J'ai pris celui-là comme j'en aurais pris un
autre...

— Pourquoi ?

— Parce qu'il le fallait, parce que j'étais folle,

Il faisait un de ces jours de printemps pleins
de fièvre et de soleil, où la buée des anciennes
pluies met comme une mollesse, une mélancolie
singulières. L'air était tiède, parfumé de fleurs
nouvelles qui, par ce premier jour de chaleur,
embaumaient violemment comme des violettes
dans un manchon... De ses hautes fenêtres
entr'ouvertes, la pièce où ils étaient respirait
toute cette griserie d'odeurs. Au dehors, on entendait les orgues du dimanche, des appels lointains sur la rivière, et, plus près, dans le jardin,
la voix amoureuse et pâmée de Mme Dobson
qui soupirait :

> On dit que tu te maries ;
> Tu sais que j'en puis mouri i i i r !...

— Oui, Frantz, je vous ai toujours aimé,
disait Sidonie. Cet amour, auquel j'ai renoncé
autrefois parce que j'étais jeune fille, et que les
jeunes filles ne savent pas ce qu'elles font, cet
amour, rien n'a pu l'effacer en moi ni l'amoindrir. Quand j'appris que Désirée vous aimait
aussi, elle si malheureuse, si déshéritée, dans
un grand mouvement généreux je voulus faire
le bonheur de sa vie en sacrifiant la mienne, et
tout de suite je vous repoussai pour que vous
alliez à elle. Ah ! dès que vous avez été loin,
j'ai compris que le sacrifice était au-dessus de

vait retentir dans tous les jardins environnants
criait à la maîtresse de chant :

— Madame Dobson, madame Dobson !... sans
vous commander, c'est trop triste ce que vous
chantez là... Au diable l'expression pour aujourd'hui !... Jouez-nous donc plutôt quelque
chose de bien gai, de bien dansant, que je fasse
faire un tour de valse à Mme Chèbe.

— Risler, Risler, êtes-vous fou ? Mon gendre !...

— Allons, allons, maman !... Il le faut...
hop !...

Lourdement, autour des allées, il entraînait
dans une valse automatique à six temps, une
vraie valse de Vaucanson, la belle-maman essoufflée, qui s'arrêtait à chaque pas pour ramener
dans leur ordre habituel les brides dénouées de
son chapeau et les dentelles de son châle, son
beau châle de la noce de Sidonie.

Il était soûl de joie, ce pauvre Risler.

Pour Frantz, ce fut une longue et inoubliable
journée d'angoisses. Promenade en voiture, promenade sur l'eau, goûter sur l'herbe dans l'île
des Ravageurs, on ne lui épargna aucun des
charmes d'Asnières ; et tout le temps, au grand
soleil de la route, à la réverbération des vagues,
il fallait rire, bavarder, raconter son voyage,
parler de l'isthme de Suez, des travaux entrepris,
écouter les plaintes secrètes de M. Chèbe tou-

C'était honteux, révoltant. Il aurait voulu le crier à son frère. Il le devait même, étant venu exprès pour cela. Mais il ne s'en sentait plus le courage.

Ah! le malheureux justicier !...

Le soir, après dîner, dans le salon ouvert à l'air frais de la rivière, Risler pria sa femme de chanter. Il voulait qu'elle montrât à Frantz tous ses nouveaux talents.

Appuyée au piano, Sidonie se défendait d'un air triste, pendant que Mme Dobson préludait en agitant ses longues anglaises :

— Mais je ne sais rien. Que voulez-vous que je vous chante ?

Elle finit pourtant par se décider. Pâle, désenchantée, envolée au-dessus des choses, à la lueur tremblante des bougies, qui semblaient brûler des parfums, tellement les lilas et les jacinthes du jardin embaumaient, elle commença une chanson créole très populaire à la Louisiane et que Mme Dobson elle-même avait transcrite pour chant et piano :

> Pauv' pitit mam'zelle Zizi,
> C'est l'amou, l'amou qui tourne la tête à li.

Et, en disant l'histoire de cette malheureuse petite Zizi que la passion a rendue folle, Sidonie avait bien l'air d'une malade d'amour. Avec

dant quelque temps ; et toi, demain matin, tu diras à Georges d'aller passer quinze jours à Savigny.

Oh ! la bonne course en voiture, le beau pays, la belle rivière, les beaux arbres !

Ne lui demandez pas où c'était ; Désirée ne l'a jamais su. Seulement elle vous dira que le soleil était plus brillant dans cet endroit-là que partout ailleurs, les oiseaux plus gais, les bois plus profonds ; et elle ne mentira pas.

Toute petite, elle avait eu quelquefois de ces jours de grand air et de longues promenades champêtres. Mais plus tard, le travail constant, la misère, la vie sédentaire si douce aux infirmes, l'avaient tenue comme clouée dans le vieux quartier de Paris qu'elle habitait et dont les toits hauts, les fenêtres à balcons de fer, les cheminées de fabrique, tranchant du rouge de leurs briques neuves sur les murs noirs des hôtels historiques, lui faisaient un horizon toujours pareil et suffisant. Depuis longtemps elle ne connaissait plus en fait de fleurs que les volubilis de sa croisée, en fait d'arbres que les acacias de l'usine Fromont entrevus de loin dans la fumée.

Aussi quelle joie gonfla son cœur, quand elle se trouva en pleine campagne ! Légère de tout son plaisir et de sa jeunesse ranimée, elle allait d'étonnement en étonnement, battant des mains, poussant de petits cris d'oiseau ; et les élans de sa curiosité naïve dissimulaient l'hésitation de sa démarche. Positivement, ça ne se voyait pas

trop. D'ailleurs Frantz était toujours là, prêt à
la soutenir, à lui donner la main pour franchir
les fossés, et si empressé, les yeux si tendres !
Cette merveilleuse journée passa comme une
vision. Le grand ciel bleu flottant vaporeuse-
ment entre les branches, ces horizons de sous-
bois, qui s'étendent aux pieds des arbres, abrités
et mystérieux, où les fleurs poussent plus droites
et plus hautes, où les mousses dorées semblent
des rayons de soleil au tronc des chênes, la
surprise lumineuse des clairières, tout, jusqu'à
la lassitude d'une journée de marche au grand
air, la ravit et la charma.

Vers le soir, quand à la lisière de la forêt elle
vit — sous le jour qui tombait — les routes
blanches éparses dans la campagne, la rivière
comme un galon d'argent, et là-bas, dans l'écart
des deux collines, un brouillard de toits gris,
de flèches, de coupoles, qu'on lui dit être Paris,
elle emporta d'un regard, dans un coin de sa
mémoire, tout ce paysage fleuri, parfumé d'amour
et d'aubépines de juin, comme si jamais, plus
jamais, elle ne devait le revoir.

Le bouquet que la petite boiteuse avait rap-
porté de cette belle promenade parfuma sa
chambre pendant huit jours. Il s'y mêlait parmi
les jacinthes, les violettes, l'épine blanche, une
foule de petites fleurs innommées, ces fleurs
des humbles que des graines voyageuses font

fois il n'avait osé retourner à Asnières. L'autre
lui faisait encore trop peur.

— Viens donc un peu là-bas... Sidonie te réclame, lui disait de temps en temps le brave
Risler, quand il entrait le voir à la fabrique.
Mais Frantz tenait bon, prétextait toutes sortes
d'affaires pour renvoyer toujours sa visite au
lendemain. C'était facile avec Risler, plus que
jamais occupé de son *Imprimeuse* dont on venait
de commencer la fabrication.

Chaque fois que Frantz descendait de chez
son frère, le vieux Sigismond le guettait au passage et faisait quelques pas dehors avec lui, en
grandes manches de lustrine, sa plume et son
canif à la main. Il tenait le jeune homme au
courant des affaires de la fabrique. Depuis quelque temps, les choses avaient l'air de marcher
mieux. M. Georges venait régulièrement à son
bureau et rentrait coucher tous les soirs à Savigny. On ne présentait plus de notes à la caisse.
Il paraît même que la madame, là-bas, se tenait
aussi plus tranquille.

Le caissier triomphait :

— Tu vois, petit, si j'ai bien fait de t'avertir...
Il a suffi de ton arrivée pour que tout rentre
dans l'ordre... C'est égal, ajoutait le bonhomme
emporté par l'habitude, c'est égal... *chai bas
gonfianze...*

par des paroles indifférentes qui s'interrompaient
à chaque instant de longs silences, de même
qu'en route on s'arrête au bout de chaque étape
pour reprendre haleine vers le but du voyage :

— Il fait beau aujourd'hui.

— Oh! bien beau.

— Notre bouquet sent toujours bon ?

— Oh! bien bon...

Et rien que pour prononcer ces mots si simples, leurs voix étaient émues de ce qui allait
se dire tout à l'heure.

Enfin la petite chaise basse se rapprocha encore un peu plus du grand fauteuil ; et croisant
leurs regards, les mains entrelacées, les deux
enfants s'appelèrent tout bas, lentement, par
leur nom :

— Désirée !

— Frantz !

A ce moment, on frappa à la porte.

C'était le petit coup discret d'une main fine-
ment gantée qui craint de se salir au moindre
contact.

— Entrez !... dit Désirée avec un léger mouvement d'impatience ; et Sidonie parut, belle,
coquette et bonne. Elle venait voir sa petite
Zizi, l'embrasser en passant. Depuis si longtemps
elle en avait envie !

La présence de Frantz sembla l'étonner beaucoup, et tout à la joie de causer avec son an-

Puis, avec le plus joli sourire du monde :

— Tu veux bien nous le laisser, n'est-ce pas, Zirée ? Sois tranquille, nous te le rendrons.

Et il eut le courage de s'en aller, l'ingrat !

Il partit sans hésiter, sans se retourner une fois, emporté par sa passion comme par une mer furieuse ; et ce jour-là, ni les jours suivants, ni plus jamais dans la suite, le grand fauteuil de mam'zelle Zizi ne put savoir ce que la petite chaise basse avait de si intéressant à lui dire.

Ce que Sidonie ne disait pas, et sa raison la plus forte d'en vouloir à Frantz, c'est qu'il lui avait fait peur, qu'il lui avait fait très peur en la menaçant de son mari. A partir de ce moment, elle s'était sentie toute mal à son aise, et sa vie, sa chère vie qu'elle choyait tant, lui avait semblé sérieusement exposée. Ces hommes trop blonds et froids d'aspect, comme Risler, ont des colères terribles, des colères blanches dont on ne peut calculer les résultats, comme ces poudres explosibles sans couleur ni saveur, que l'on craint d'employer parce qu'on n'en connaît pas la puissance. Positivement, l'idée qu'un jour ou l'autre son mari pouvait être prévenu de sa conduite l'épouvantait.

De son existence d'autrefois, existence pauvre dans un quartier populeux, il lui revenait des souvenirs de ménages en déroute, de maris vengés, de sang éclaboussé sur les hontes de l'adultère. Des visions de mort la poursuivaient. Et la mort, l'éternel repos, le grand silence, étaient bien faits pour effrayer ce petit être affamé de plaisir, avide de bruit et de mouvement jusqu'à la folie.

Cette bienheureuse lettre mettait fin à toutes ses terreurs. Maintenant il était impossible que Frantz la dénonçât, même dans sa fureur de déconvenue, en lui sachant une arme pareille entre les mains ; d'ailleurs, s'il parlait, elle mon-

— Rien... une idée, répondit Sidonie, en
montrant la pendule à Mme Dobson d'un petit
clignement d'yeux.

C'était l'heure indiquée pour le rendez-vous,
et elle pensait aux tourments de son amoureux
en train de l'attendre.

Depuis le retour du messager qui avait ap-
porté à Frantz le « oui » de Sidonie, si fiévreusement attendu, il s'était fait un grand calme
dans son esprit troublé, et comme une détente
subite. Plus d'incertitudes, plus de tiraillements
entre la passion et le devoir. Instantanément il
se sentit allégé, comme s'il n'avait plus de conscience. Avec le plus grand calme, il fit ses
préparatifs, roula ses malles sur le carreau,
vida la commode et les armoires ; et bien longtemps avant l'heure qu'il avait fixée pour qu'on
vînt chercher ses bagages, il était assis sur
une caisse au milieu de sa chambre, regardant
devant lui la carte de géographie clouée au
mur, comme un emblème de sa vie errante,
suivant de l'œil la ligne droite des routes et ce
trait ondé comme une vague qui figure les
océans.

Pas une fois la pensée ne lui vint que de
l'autre côté du palier quelqu'un pleurait et soupirait à cause de lui. Pas une fois il ne songea
au désespoir de son frère, au drame épouvan-

table qu'ils allaient laisser derrière eux. Il était
bien loin de toutes ces choses, parti en avant,
déjà sur le quai de la gare avec Sidonie en
vêtements sombres de voyage et de fuite. Plus
loin encore, au bord de la mer bleue, où ils
s'arrêteraient quelque temps pour dépister les
recherches. Toujours plus loin, arrivant avec
elle dans un pays inconnu où nul ne pourrait
la demander ni la reprendre. D'autres fois, il
songeait au wagon en route dans la nuit et la
campagne déserte. Il voyait une tête mignonne
et pâle appuyée près de la sienne sur les coussins, une lèvre en fleur à portée de sa lèvre,
et deux yeux profonds qui le regardaient sous
la lumière douce de la lampe, dans le bercement des roues et de la vapeur.

Et maintenant souffle et rugis, machine!
Ébranle la terre, rougis le ciel, crache la fumée
et la flamme! Plonge-toi dans les tunnels,
franchis les monts et les fleuves, saute, flambe,
éclate; mais emporte-nous avec toi, emporte-
nous loin du monde habité, de ses lois, de
ses affections, hors de la vie, hors de nous-
mêmes!...

Deux heures avant l'ouverture du guichet
pour le train désigné, Frantz était déjà à la
gare de Lyon, cette gare triste qui dans le
Paris lointain où elle est située semble une
première étape de la province. Il s'assit dans

le coin le plus sombre, et resta là sans bouger, comme étourdi. A cette heure son cerveau était aussi agité et tumultueux que la gare elle-même. Il se sentait envahi par une foule de réflexions sans suite, de souvenirs vagues, de rapprochements bizarres. En une minute il faisait de tels voyages au plus lointain de sa mémoire qu'il se demanda deux ou trois fois pourquoi il était là et ce qu'il attendait. Mais l'idée de Sidonie jaillissait de ces pensées sans suite et les éclairait d'une pleine lumière.

Elle allait venir.

Et machinalement, quoique l'heure du rendez-vous fût encore bien éloignée, il regardait parmi ces gens qui se pressaient, s'appelaient, cherchant s'il n'apercevrait pas cette silhouette élégante sortie tout à coup de la foule et l'écartant à chaque pas au rayonnemeut de sa beauté.

Après bien des départs, des arrivées, des coups de sifflet dont le cri captif sous les voûtes ressemblait à un déchirement, il se fit un grand vide dans la gare, déserte subitement comme une église en semaine. Le train de dix heures approchait. Il n'y en avait plus d'autre avant celui-là. Frantz se leva.

Maintenant ce n'était plus un rêve, une chimère perdue dans ces limites du temps si vastes, si incertaines.

Cela lui parut effrayant ; mais la cloche du guichet qu'on venait d'ouvrir, l'appelait. Il y
courut, et prit son rang dans la longue file.

— Deux premières pour Marseille ! demanda-
t-il. Il lui semblait que c'était déjà une prise
de possession.

Parmi les brouettes chargées de colis, les
gens en retard qui se bousculaient, il retourna
à son poste d'observation. Les cochers lui
criaient : « Gare ! » Il restait sur le passage
des roues, sous le pied des chevaux, l'oreille
assourdie, les yeux grands ouverts. Plus que
cinq minutes. Il était presque impossible qu'elle
arrivât à temps. On se précipitait pour entrer
dans les salles intérieures. Les malles roulaient
aux bagages ; et les gros paquets enveloppés
de linge, les valises à clous de cuivre, les petits
sacs en sautoir des commis-voyageurs, les pa-
niers de toutes formes, de toutes grandeurs,
s'engouffraient à la même porte, secoués, ba-
lancés, avec la même hâte.

Enfin elle apparut...

Oui, la voilà, c'est bien elle, une femme en
noir, mince, élancée, accompagnée d'une autre
plus petite, Mme Dobson, sans doute. Mais
au second regard il se détrompa. C'était une
jeune femme qui lui ressemblait, élégante
comme elle, Parisienne, la physionomie heu-

reuse. Un homme, jeune aussi, vint la rejoindre. Ce devait être un voyage de noces; la
mère les accompagnait, venait les mettre en
wagon. Ils passèrent devant Frantz enveloppés
dans le courant de bonheur qui les entraînait.
Avec un sentiment de rage et d'envie, il les vit
franchir la porte battante, appuyés l'un à
l'autre, unis et serrés dans la foule.

Il lui sembla que ces gens-là l'avaient volé,
que c'était sa place à lui et celle de Sidonie
qu'ils allaient occuper dans le train...

A présent, c'est la folie du départ, le dernier
coup de cloche, la vapeur qui chauffe avec un
bruit sourd où se mêlent le piétinement des
retardataires, le fracas des portes et des lourds
omnibus. Et Sidonie ne vient pas. Et Frantz
attend toujours. A ce moment une main se
pose sur son épaule.

Dieu !

Il se retourne. La grosse tête de M. Gardinois, encadrée d'une casquette à oreillons, est
devant lui.

— Je ne me trompe pas, c'est M. Risler.
Vous partez donc par l'express de Marseille?
Moi aussi, mais je ne vais pas loin.

Il explique à Frantz qu'il a manqué le train
d'Orléans et qu'il va tâcher de rejoindre Savigny par la ligne de Lyon; puis il parle de
Risler aîné, de la fabrique :

— Il paraît que ça ne va pas, les affaires, depuis quelque temps... Ils ont été pincés dans la faillite Bonnardel... Ah! nos jeunes gens ont besoin de prendre garde... Du train dont ils mènent leur barque, il pourrait bien leur en arriver autant qu'aux Bonnardel... Mais, pardon! Je crois que voilà le guichet qui va fermer. A revoir!

Frantz a à peine entendu ce qu'on vient de lui dire. La ruine de son frère, l'écroulement du monde entier, rien ne compte plus pour lui. Il attend, il attend...

Mais voilà le guichet qui se ferme brusquement, comme une dernière barrière devant son espoir entêté. La gare est vide de nouveau. La rumeur s'est déplacée, transportée sur la voie; et soudain un grand coup de sifflet, qui se perd dans la nuit, arrive à l'amant comme un adieu ironique.

Le train de dix heures est parti.

Il essaye d'être calme et de raisonner. Évidemment elle aura manqué le convoi d'Asnières; mais sachant qu'il l'attend, elle va venir n'importe à quelle heure de la nuit. Attendons encore. La salle est faite pour cela.

Le malheureux s'assied sur un banc. On a fermé les larges vitres où l'ombre se plaque avec des luisants de papier verni. La marchande de livres, à moitié assoupie, s'occupe de ranger

REESE LIBRARY
UNIVERSITY
CALIFORNIA.

Frantz, très ému, s'approcha pour écouter :

— Non, pas de crème... Le parfait suffira... Surtout qu'il soit bien glacé, et pour sept heures... Ah ! et comme entrée... voyons un peu...

Elle était en grande conférence avec sa bonne pour son fameux dîner du lendemain. La brusque apparition de son beau-frère ne la dérangea pas :

— Ah ! bonjour, Frantz, lui dit-elle bien tranquillement... Je suis à vous tout à l'heure. Nous avons du monde à dîner demain, des clients de la maison, un grand dîner d'affaires... Vous permettez, n'est-ce pas ?

Fraîche, souriante, dans les ruches blanches de son peignoir traînant et de son petit bonnet de dentelles, elle continua à composer son menu, en aspirant l'air frais qui montait de la prairie et de la rivière. Il n'y avait pas sur ce visage reposé la moindre trace de chagrin ou d'inquiétude. Son front uni, cet étonnement charmant du regard qui si longtemps devait la garder jeune, sa lèvre entr'ouverte et rose, faisaient un étrange contraste avec la figure de l'amant, décomposée par sa nuit d'angoisse et de fatigue.

Pendant un grand quart d'heure, Frantz, assis dans un coin du salon, vit défiler devant lui, dans leur ordre habituel, tous les plats convenus

manquait jamais de faire précéder ses moindres
paroles de quelque jeu de physionomie appris
autrefois pour la scène, abaissa la bouche en
signe de dégoût et d'écœurement, comme s'il
venait d'avaler à la minute quelque chose de
très amer.

— Il y a, dit-il, que décidément ces Risler
sont des ingrats ou des égoïstes, et, à coup sûr,
des gens très mal élevés. Savez-vous ce que je
viens d'apprendre en bas, par la concierge, qui
me regardait du coin de l'œil en me narguant ?...
Eh bien ! Frantz Risler est parti. Il a quitté la
maison tantôt et Paris peut-être à l'heure qu'il
est, sans seulement venir me serrer la main, me
remercier de l'accueil qu'on lui faisait ici...
Comment trouvez-vous cela ?... Car il ne vous
a pas dit adieu à vous autres non plus, n'est-ce
pas ? Et pourtant — il n'y a pas un mois —
il était toujours fourré chez nous, sans re-
proche. —

La maman Delobelle eut une exclamation de
surprise et de chagrin véritable. Désirée, au
contraire, ne dit pas un mot, ne fit pas un geste.
Toujours le même petit glaçon. Le laiton qu'elle
tournait ne s'arrêta même pas dans ses doigts
agiles...

— Ayez donc des amis ! continuait l'illustre
Delobelle. Qu'est-ce que je lui ai donc fait encore à celui-là ?

Hélas!...

Il est des femmes en qui la mère tue l'épouse. Chez celle-là, l'épouse avait tué la mère. Prêtresse du dieu Delobelle, absorbée dans la contemplation de son idole, elle se figurait que sa fille n'était venue au monde que pour se dévouer au même culte, s'agenouiller devant le même autel. Toutes deux ne devaient avoir qu'un but dans la vie, travailler à la gloire du grand homme, consoler son génie méconnu. Le reste n'existait pas. Jamais la maman Delobelle n'avait remarqué les rougeurs subites de Désirée dès que Frantz entrait dans l'atelier, tous ses détours de fille amoureuse pour parler de lui quand même, pour faire arriver son nom à tout propos dans leurs causeries de travail ; et cela depuis des années, depuis le temps lointain où Frantz partait le matin à l'École Centrale, à l'heure où les deux femmes allumaient leur lampe pour commencer la journée. Jamais elle n'avait interrogé ces longs silences où la jeunesse confiante et heureuse s'enferme à double tour avec ses rêves d'avenir ; et si parfois elle disait à Désirée dont le mutisme la fatiguait : « Qu'est-ce que tu as ? » la jeune fille n'avait qu'à répondre : « Je n'ai rien, » pour que la pensée de la mère, distraite une minute, se reportât tout de suite à sa préoccupation favorite.

Ainsi, cette femme qui lisait dans le cœur de son mari, dans le moindre pli de ce front olympien et nul, n'avait jamais eu pour sa pauvre Zizi aucune de ces divinations de tendresse dans lesquelles les mères les plus âgées, les plus flétries, se rajeunissent jusqu'à une amitié d'enfant pour devenir confidentes et conseillères.

Et c'est bien là ce que l'égoïsme inconscient des hommes comme Delobelle a de plus féroce.

Il en fait naître d'autres autour de lui.

L'habitude qu'on a dans certaines familles de tout rapporter à un seul être, laisse forcément dans l'ombre les joies et les douleurs qui lui sont indifférentes et inutiles.

Et je vous demande en quoi le drame juvénile et douloureux qui gonflait de larmes le cœur de la jeune amoureuse pouvait intéresser la gloire du grand comédien !

Pourtant elle souffrait bien.

Depuis près d'un mois, depuis le jour où Sidonie était venue chercher Frantz dans son coupé, Désirée savait qu'elle n'était plus aimée et connaissait le nom de sa rivale. Elle ne leur en voulait pas, elle les plaignait plutôt. Seulement, pourquoi était-il revenu ? Pourquoi lui avait-il donné si légèrement cette fausse espérance ? Comme les malheureux condamnés à l'obscurité d'un cachot accoutument leurs yeux aux nuances de l'ombre et leurs membres à

qui l'effrayait. Les filles de Paris se moquent bien de cela. On jette son tablier sur sa tête pour ne pas voir, et pouf! Mais il faudrait descendre, s'en aller dans la rue toute seule, et la rue l'intimidait.

Or, pendant que d'avance la pauvre fille prenait cet élan suprême vers la mort et l'oubli, qu'elle regardait l'abîme de loin avec des yeux hagards où la folie du suicide montait déjà, l'illustre Delobelle se ranimait peu à peu, parlait moins dramatiquement; puis, comme il y avait à dîner des choux, qu'il aimait beaucoup, il s'attendrissait en mangeant, se rappelait ses vieux triomphes, la couronne d'or, les abonnés d'Alençon, et, sitôt le dîner fini, s'en allait voir jouer le *Misanthrope* à l'Odéon pour les débuts de Robricart, pincé, tiré, ses manchettes toutes blanches, et dans sa poche une pièce de cent sous, neuve et brillante, que sa femme lui avait donnée pour faire le garçon.

— Je suis bien contente, disait la maman Delobelle en enlevant le couvert. Le père a bien dîné ce soir. Ça l'a un peu consolé, le pauvre homme. Son théâtre va achever de le distraire. Il en a tant besoin...

... Oui, c'était cela le terrible, s'en aller seule dans la rue. Il faudrait attendre que le gaz fût éteint, descendre l'escalier tout doucement quand sa mère serait couchée, demander le cordon, et prendre sa course à travers ce Paris où on rencontre des hommes qui vous regardent effrontément, dans les yeux, et des cafés tout brillants de lumière. Cette terreur de la rue, Désirée l'avait depuis l'enfance. Toute petite, quand elle descendait pour une commission, les gamins la suivaient en riant, et elle ne savait pas ce qu'elle trouvait de plus cruel, ou cette parodie de sa marche irrégulière, le déhanchement de ces petites blouses insolentes, ou la pitié des gens qui passaient et dont le regard se détournait charitablement. Ensuite elle avait peur des voitures, des omnibus. La rivière était loin. Elle serait bien lasse. Pourtant, il n'y avait pas d'autre moyen que celui-là...

— Je vais me coucher, fillette ! et toi, est-ce que tu veilles encore ?

Les yeux sur son ouvrage, Fillette a répondu qu'elle veillerait. Elle veut finir sa douzaine.

— Bonsoir alors ! dit la maman Delobelle dont la vue affaiblie ne peut plus supporter longtemps la lumière. J'ai mis le souper du père près du feu. Tu y regarderas avant de te coucher.

Désirée n'a pas menti. Elle veut terminer sa douzaine ; et vraiment, à voir cette petite tête calme penchée sous la lumière blanche de la lampe, on ne se figurerait jamais tout ce qu'elle roule de pensées sinistres.

Enfin voici le dernier oiseau de la douzaine, un merveilleux petit oiseau, dont les ailes semblent trempées d'eau de mer, toutes vertes avec un reflet de saphir.

Soigneusement, coquettement, Désirée le pique sur un fil de laiton, dans sa jolie attitude de bête effarouchée qui s'envole.

Oh! comme il s'envole bien, le petit oiseau bleu! Quel coup d'aile éperdu dans l'espace! Comme on sent que cette fois c'est le grand voyage, le voyage éternel et sans retour!...

Maintenant l'ouvrage est fini, la table rangée, les dernières aiguillées de soie minutieusement ramassées, les épingles sur la pelote.

Le père, en rentrant, trouvera sous la lampe à demi-baissée le souper devant la cendre chaude : et ce soir effrayant et sinistre lui apparaîtra calme comme tous les autres, dans l'ordre du logis et la stricte observation de ses manies habituelles. Bien doucement Désirée ouvre l'armoire, en tire un petit châle dont elle s'enveloppe ; puis elle part.

Quoi ? Pas un regard à sa mère, pas un adieu muet, pas un attendrissement ?... Non, rien !... Avec l'effroyable lucidité de ceux qui vont mourir, elle a compris tout à coup à quel amour égoïste son enfance et sa jeunesse ont été sacrifiées. Elle sent très bien qu'un mot de leur

grand homme consolera cette femme endormie,
à qui elle en veut presque de ne pas se réveiller,
de la laisser partir ainsi sans un frisson de ses
paupières baissées.

Quand on meurt jeune, même volontairement,
ce n'est jamais sans révolte, et la pauvre Désirée
sort de la vie, indignée contre son destin.

La voilà dans la rue. Où va-t-elle ? Tout est
déjà désert. Ces quartiers, si animés le jour,
s'apaisent le soir de bonne heure. On y travaille
trop pour ne pas y dormir vite. Pendant que le
Paris des boulevards, encore plein de vie, fait
planer sur la ville entière le reflet rose d'un
lointain incendie, ici toutes les grandes portes
sont fermées, les volets mis aux boutiques et
aux fenêtres. De temps en temps un marteau
attardé, la promenade d'un sergent de ville
qu'on entend sans le voir, le monologue d'un
ivrogne coupé par les écarts de sa marche,
troublent le silence, ou bien un coup de vent
subit, venu des quais voisins, fait claquer la
vitre d'un réverbère, la vieille corde d'une
poulie, s'abat au détour d'une rue, s'éteint avec
un sifflement sous un seuil mal joint.

Désirée marche vite, serrée dans son petit
châle, la tête levée, les yeux secs. Sans savoir
sa route, elle va droit, tout droit devant elle.

Les rues du Marais, noires, étroites, où cli-
gnote un bec de gaz de loin en loin, se croisent,

se contournent ; et à chaque instant, dans cette recherche fiévreuse, elle revient sur ses pas. Il y a toujours quelque chose qui se met entre elle et la rivière. Pourtant, ce vent qui souffle lui en apporte la fraîcheur humide au visage... Vraiment on dirait que l'eau recule, s'entoure de barrières, que des murs épais, des maisons hautes se mettent exprès devant la mort ; mais la petite boiteuse a bon courage, et sur le pavé inégal des vieilles rues, elle marche, elle marche.

Avez-vous vu quelquefois, le soir d'un jour de chasse, un perdreau blessé s'enfuir au creux d'un sillon ? Il s'affaisse, il se rase, traînant son aile sanglante vers quelque abri où il pourra mourir en repos. La démarche hésitante de cette petite ombre suivant les trottoirs, frôlant les murs, donne tout à fait cette impression-là. Et songer qu'à cette même heure, presque dans le même quartier, quelqu'un erre aussi par les rues, attendant, guettant, désespéré ! Ah ! s'ils pouvaient se rencontrer. Si elle l'abordait, ce passant fiévreux, si elle lui demandait sa route :

— S'il vous plaît, monsieur !... Pour aller à la Seine ?...

Il la reconnaîtrait tout de suite :

— Comment ! c'est vous, mam'zelle Zizi ? Que faites-vous dehors à pareille heure ?

— Je vais mourir, Frantz !... C'est vous qui m'avez ôté le goût de vivre.

Alors, lui, tout ému, la prendrait, la serrerait,
l'emporterait dans ses bras, disant :

— Oh ! non, ne meurs pas ! J'ai besoin de toi
pour me consoler, pour me guérir de tout le mal
que l'autre m'a fait.

Mais c'est là un rêve de poète, une de ces
rencontres comme la vie n'en sait pas inventer.
Elle est bien trop cruelle, la dure vie ! et quand,
pour sauver une existence, il faudrait quelquefois si peu de chose, elle se garde bien de fournir
ce peu de chose-là. Voilà pourquoi les romans
vrais sont toujours si tristes...

Des rues, encore des rues, puis une place, et
un pont dont les réverbères tracent dans l'eau
noire un autre pont lumineux. Enfin, voici la
rivière. Le brouillard de ce soir d'automne humide et doux lui fait voir tout ce Paris inconnu
pour elle dans une grandeur confuse que son
ignorance des lieux augmente encore... C'est
bien ici qu'il faut mourir.

Elle se sent si petite, si isolée, si perdue dans
l'immensité de cette grande ville allumée et
déserte... Il lui semble déjà qu'elle est morte...
Elle s'approche du quai ; et, tout à coup, un
parfum de fleurs, de feuillages, de terre remuée,
l'arrête une minute au passage. A ses pieds, sur
le trottoir qui borde l'eau, des masses d'arbustes
entourés de paille, des pots de fleurs dans leurs
cornets de papier blanc, sont déjà rangés pour

ombre furtive s'arrête à l'escalier qui descend
sur la berge.

Presque aussitôt ce sont des cris, une rumeur
tout le long du quai. « Vite une barque, des
crocs ! » Des mariniers, des sergents de ville
accourent de tous les côtés. Un bateau se dé-
tache du bord, une lanterne à l'avant.

Les marchandes de fleurs se réveillent, et
comme une d'elles demande en bâillant ce qui
se passe, la marchande de café, accroupie à
l'angle du pont, lui répond tranquillement :

— C'est une femme qui vient de se *fiche* à
l'eau.

Eh bien, non !... La rivière n'a pas voulu de
cette enfant. Elle a eu pitié de tant de douceur
et de grâce. Voici que dans la lumière des lanternes qui s'agitent en bas sur la berge, un
groupe noir se forme, se met en marche. Elle
est sauvée !... C'est un tireur de sable qui l'a
repêchée. Des sergents de ville la portent, entourés de mariniers, de débardeurs, et dans la
nuit on entend une grosse voix enrouée qui
ricane : « En voilà une poule d'eau qui m'a
donné du mal. C'est qu'elle me glissait dans les
doigts, fallait voir !... Je crois bien qu'elle aurait
voulu me faire perdre ma prime... » Peu à peu
le tumulte se calme, les curieux se dispersent,
et pendant que le groupe noir s'éloigne vers
un poste de police, les marchandes de fleurs

tête et ne cessait de répéter d'une voix sans
conscience, presque indépendante du mouvement des lèvres : « Oh! oui, de la misère, on
peut le dire... Oh! oui, de la misère, on peut
le dire... » Et cette plainte sinistre au milieu
des ronflements des dormeurs faisait à Désirée
un mal horrible. Elle fermait les yeux pour ne
plus voir ce visage égaré qui l'épouvantait
comme la personnification de son propre désespoir. De temps en temps, la porte de la rue
s'entr'ouvrait, la voix d'un chef appelait des
noms, et deux sergents de ville sortaient, pendant que deux autres rentraient, se jetaient en
travers des lits, éreintés comme des matelots de
quart qui viennent de passer la nuit sur le
pont.

Enfin le jour parut dans ce grand frisson
blanc si cruel aux malades. Réveillée subitement de sa torpeur, Désirée se dressa sur son
lit, rejeta le caban dont on l'avait enveloppée,
et, malgré la fatigue et la fièvre, essaya de
se mettre debout pour reprendre possession
d'elle-même et de sa volonté. Elle n'avait plus
qu'une idée, échapper à tous ces yeux qui s'ou-
vraient autour d'elle, sortir de cet endroit
affreux où le sommeil avait le souffle si lourd
et des poses si tourmentées.

— Messieurs, je vous en prie, dit-elle toute
tremblante, laissez-moi retourner chez maman.

Si endurcis qu'ils fussent aux drames parisiens, ces braves gens comprenaient bien qu'ils
étaient en face de quelque chose de plus dis-
tingué, de plus émouvant que d'ordinaire. Seulement ils ne pouvaient pas la reconduire encore
chez sa mère. Il fallait aller chez le commissaire
auparavant. C'était indispensable. On fit ap-
procher un fiacre par pitié pour elle; mais il
fallut sortir du poste, et il y en avait du monde
à la porte pour regarder passer la petite boiteuse avec ses cheveux mouillés, collés aux
tempes et son caban de *sergo* qui ne l'empêchait
pas de grelotter. Au commissariat, on lui fit
monter un escalier sombre et humide dans lequel allaient et venaient des figures patibulaires.
Une porte battante que la banalité du service
public ouvrait et fermait à chaque instant, des
pièces froides, mal éclairées, sur les bancs des
gens silencieux, abasourdis, endormis, des
vagabonds, des voleurs, des filles, une table cou-
verte d'un vieux tapis vert où écrivait « le
chien du commissaire, » un grand diable à tête
de pion, à redingote râpée; c'était là.

Quand Désirée entra, un homme se leva de
l'ombre et vint au-devant d'elle en lui tendant
la main. C'était l'homme à la prime, son hideux
sauveur à vingt-cinq francs.

— Eh bien, la petite mère ! lui dit-il avec son
rire cynique et sa voix qui faisait penser à des

Elle avait l'air de ne pas comprendre, s'éloignait, retirait sa main. Quel supplice !... Le plus terrible, ce fut l'arrivée rue de Braque, la maison en émoi, la curiosité des voisins qu'il fallut subir. Depuis le matin, en effet, tout le quartier était informé de sa disparition. Le bruit courait qu'elle était partie avec Frantz Risler. De bonne heure on avait vu sortir l'illustre Delobelle, tout effaré, son chapeau de travers, les manchettes frippées, ce qui était l'indice d'une préoccupation extraordinaire ; et la concierge, en montant les provisions, avait trouvé la pauvre maman à moitié folle, courant d'une chambre à l'autre, cherchant un mot de l'enfant, une trace si petite qu'elle fût, qui pût la conduire au moins à une conjecture.

Dans l'esprit de cette malheureuse mère, une tardive lumière s'était faite tout à coup sur l'attitude de sa fille pendant ces derniers jours, sur son silence à propos du départ de Frantz. « Ne pleure pas, ma femme... je la ramènerai... » avait dit le père en sortant, et depuis qu'il était parti autant pour s'informer que pour se soustraire au spectacle de cette grande douleur, elle ne faisait qu'aller et venir du palier à la fenêtre, de la fenêtre au palier. Au moindre pas dans l'escalier, elle ouvrait la porte avec un battement de cœur, s'élançait dehors ; puis quand elle rentrait, la solitude du petit logis,

encore accrue par le grand fauteuil vide de Désirée, tourné à demi vers la table de couture,
la faisait fondre en larmes.

Tout à coup une voiture s'arrêta en bas devant la porte. Des voix, des pas résonnèrent
dans la maison :

— *Mame* Delobelle, la voilà !... Votre fille est
retrouvée.

C'était bien Désirée qui montait, pâle, dé-
faillante, au bras d'un inconnu, sans châle ni
chapeau, entourée d'une grande capote brune.
En apercevant sa mère, elle lui sourit d'un petit
air presque niais :

— Ne t'effraye pas, ce n'est rien... essaya-
t-elle de dire, puis elle s'affaissa sur l'escalier.

Jamais la maman Delobelle ne se serait crue
si forte. Prendre sa fille, l'emporter, la coucher,
tout cela fut fait en un tour de main, et elle lui
parlait, et elle l'embrassait :

— Enfin, c'est toi, te voilà ! D'où viens-tu,
malheureuse enfant ? C'est vrai, dis, que tu as
voulu te tuer ?... Tu avais donc une bien grande
peine ?... Pourquoi me l'as-tu cachée ?

En voyant sa mère dans cet état, brûlée de
larmes, vieillie en quelques heures, Désirée se
sentit prise d'un remords immense. Elle pensait qu'elle était partie sans lui dire adieu, et
qu'au fond de son cœur elle l'accusait de ne
pas l'aimer.

Ne pas l'aimer !

— Mais je serais morte de ta mort, disait la pauvre femme... Oh ! quand je me suis levée ce matin et que j'ai vu que ton lit n'était pas défait, que tu n'étais pas dans l'atelier non plus... J'ai fait un tour et je suis tombée roide... As-tu chaud maintenant ?... Es-tu bien ?... Tu ne feras plus ça, n'est-ce pas, de vouloir mourir ?...

Et elle bordait ses couvertures, réchauffait ses pieds, la prenait sur son cœur pour la bercer.

Du fond de son lit, Désirée, les yeux fermés, revoyait tous les détails de son suicide, toutes les choses hideuses par lesquelles elle avait passé en sortant de la mort. Dans la fièvre qui redoublait, dans le lourd sommeil qui commençait à la prendre, sa course folle à travers Paris l'agitait, la tourmentait encore. Des milliers de rues noires s'enfonçaient devant elle, avec la Seine au bout de chacune.

Cette horrible rivière, qu'elle ne pouvait pas trouver pendant la nuit, la poursuivait maintenant.

Elle se sentait tout éclaboussée de son limon, de sa boue ; et dans le cauchemar qui l'oppressait, la pauvre enfant, ne sachant plus comment échapper à l'obsession de ses souvenirs, disait tout bas à sa mère : « Cache-moi... cache-moi... j'ai honte ! »

VI

ELLE A PROMIS DE NE PLUS
RECOMMENCER

H ! non, elle ne recommencera pas. M. le commissaire peut être tranquille. Il n'y a pas de risque qu'elle recommence. Comment ferait-elle d'abord pour aller jusqu'à la rivière, maintenant qu'elle ne peut plus bouger de son lit ? Si M. le commissaire la voyait en ce moment, il ne douterait plus de sa parole. Sans doute cette volonté, ce désir de mort si fatalement inscrit sur sa figure pâle l'autre matin, sont encore visibles dans tout son être ; seulement ils se sont adoucis, résignés. La nommée Delobelle sait qu'en attendant un peu,

dimanche, je me rattrape... » Et en effet, ce
jour-là, pendant que les enfants jouaient
dehors ou se promenaient, elle s'enfermait à
double tour, passait son après-midi à crier, à
sangloter, à appeler dans la maison déserte son
mari et sa fille.

La maman Delobelle n'avait pas même son
dimanche. Songez qu'elle était seule pour travailler à présent, que ses doigts n'avaient pas
l'adresse merveilleuse des mains mignonnes de
Désirée, que les médicaments étaient chers, et
que pour rien au monde elle n'avait voulu sup-
primer « au père » une de ses chères habitudes.
Aussi, à quelque heure que la malade ouvrît
les yeux, elle apercevait sa mère dans le jour
blafard du grand matin ou sous sa lampe de
la veillée, travaillant, travaillant sans cesse.

Quand les rideaux de son lit étaient fermés,
elle entendait le petit bruit sec et métallique
des ciseaux reposés sur la table.

Cette fatigue de sa mère, cette insomnie qui
tenait perpétuellement compagnie à sa fièvre,
était une de ses souffrances. Quelquefois cela
surmontait tout le reste :

— Voyons, donne-moi un peu mon ouvrage,
disait-elle en essayant de s'asseoir sur son lit.

C'était une éclaircie dans cette ombre plus
épaisse chaque jour. La maman Delobelle, qui
voyait dans ce désir de malade une volonté de

se reprendre à la vie, l'installait de son mieux, rapprochant la table. Mais l'aiguille était trop lourde, les yeux trop faibles, et le moindre bruit de voiture roulant sur le pavé, des cris montant jusqu'aux fenêtres rappelaient à Désirée que la rue, l'infâme rue, était là tout près d'elle. Non, décidément elle n'avait pas la force de vivre. Ah! si elle avait pu mourir d'abord, et puis renaître... En attendant elle mourait, et s'entourait peu à peu d'un suprême renoncement. Entre deux aiguillées, la mère regardait son enfant toujours plus pâle :

— Es-tu bien?

— Très bien, répondait la malade avec un petit sourire navré, qui éclairait une minute son visage douloureux et en montrait tous les ravages, comme un rayon de soleil glissant dans un logis de pauvre, au lieu de l'égayer, en détaille mieux toute la tristesse et le dénûment. Après, c'étaient de longs silences, la mère ne parlant pas de peur de pleurer, la fille engourdie de fièvre, déjà enveloppée de ces voiles invisibles dont la mort entoure par une sorte de pitié ceux qui s'en vont, pour vaincre ce qui leur reste de forces et les emporter plus doucement, sans révolte.

L'illustre Delobelle n'était jamais là. Il n'avait rien changé à son existence de cabotin sans emploi. Pourtant il savait que sa fille se mourait;

le médecin l'avait prévenu. Ç'avait même été pour lui une terrible commotion, car au fond il aimait bien son enfant ; mais dans cette étrange nature, les sentiments les plus vrais, les plus sincères, prenaient une allure fausse et peu naturelle, par cette loi qui veut que, quand une tablette est de travers, rien de ce qu'on met dessus n'ait jamais l'air posé droit.

Delobelle tenait avant tout à promener, à répandre sa douleur. Il jouait les pères malheureux, d'un bout à l'autre du boulevard. On le rencontrait aux abords des théâtres, dans les cafés des comédiens, les yeux rougis, la face pâle. Il aimait à se faire demander : « Eh bien ! mon pauvre vieux, comment ça va-t-il chez toi ? » Alors il secouait la tête d'un mouvement nerveux ; sa grimace retenait des larmes, sa bouche des imprécations, et il poignardait le ciel d'un regard muet et plein de colère, comme quand il jouait le *Médecin des enfants ;* ce qui ne l'empêchait pas du reste d'être rempli d'attentions délicates et de prévenances pour sa fille.

Ainsi il avait pris l'habitude, depuis qu'elle était malade, de lui apporter des fleurs de ses courses dans Paris ; et il ne se contentait pas de fleurs ordinaires, de ces humbles violettes qui fleurissent à tous les coins de rues pour les petites bourses. Il lui fallait, en ces tristes jours

de cette voix blanche bien faite pour mentir et qui n'était jamais trahie par un accent du cœur, car elle venait de la tête comme tous les élans passionnés de cette poupée parisienne.

Quel malheur que cette lettre ne fût pas arrivée quelques jours plus tôt ! Maintenant toutes ces bonnes paroles étaient pour Désirée comme ces mets délicieux qu'on apporte trop tard à un mourant de faim. Il les respire, les envie, mais n'a plus la force d'y goûter. Toute la journée, la malade relut sa lettre. Elle la tirait de l'enveloppe, la repliait ensuite amoureusement, et les yeux fermés la voyait encore tout entière, jusqu'à la couleur du timbre. Frantz avait pensé à elle ! Rien que cela lui procurait un calme suave où elle finit par s'endormir avec l'impression d'un bras ami qui aurait soutenu sa tête faible.

Soudain elle se réveilla, et comme nous le disions tout à l'heure, dans un état extraordinaire. C'était une faiblesse, une angoisse de tout son être, quelque chose d'inexprimable. Il lui semblait qu'elle ne tenait plus à la vie que par un fil tendu, tendu à se briser, et dont la vibration nerveuse donnait à tous ses sens une finesse, une acuité, surnaturelles. Il faisait nuit. La chambre où elle était couchée — on lui avait donné la chambre de ses parents, plus aérée,

rassemble, à toutes les occasions de manifesta-
tions extérieures : bals, concerts, repas de corps,
enterrements.

Bien que l'illustre Delobelle ne fût plus au
théâtre, que son nom eût entièrement disparu
des comptes rendus et des affiches depuis plus
de quinze ans, il suffit d'une petite note de
deux lignes dans un obscur journal de théâtre :
*M. Delobelle, ancien premier sujet des théâtres
de Metz et d'Alençon, vient d'avoir la douleur, etc.
On se réunira, etc...* Aussitôt, de tous les coins
de Paris et de la banlieue, les comédiens accou-
rurent en foule à cet appel.

Fameux ou non fameux, inconnus ou célèbres,
ils y étaient tous, ceux qui avaient joué avec
Delobelle en province, ceux qui le rencontraient
dans les cafés de théâtre, où il était comme ces
visages toujours aperçus sur lesquels il est dif-
ficile de mettre un nom, mais que l'on se rappelle à cause du milieu où on les voit constamment et dont ils semblent faire partie ; puis
aussi des acteurs de province, de passage à Paris,
qui venaient là pour « lever » un directeur,
trouver un bon engagement.

Et tous, les obscurs et les illustres, les Parisiens et les provinciaux, n'ayant qu'une préoccupation, voir leur nom cité par quelque journal dans un compte rendu de l'enterrement.
Car, à ces êtres de vanité, tous les genres de

publicité semblent enviables. Ils ont tellement
peur que le public les oublie, qu'au moment où
ils ne se montrent pas ils éprouvent le besoin
de faire parler d'eux, de se rappeler par tous
les moyens au souvenir de la vogue parisienne
si flottante et si rapide.

Dès neuf heures, tout le menu peuple du
Marais — cette province cancanière — attendait aux fenêtres, aux portes, dans la rue, le
passage des cabotins. Des ateliers guettaient à
leurs vitres poussiéreuses, des petits bourgeois
dans l'embrasure de leurs rideaux croisés, des
ménagères un panier au bras, des apprentis un
paquet sur la tête.

Enfin ils arrivèrent, à pied ou en voiture,
solitairement ou par bandes. On les reconnaissait à leurs figures rasées, bleuâtres au menton
et aux joues, à leurs airs peu naturels, trop
emphatiques ou trop simples, à leurs gestes de
convention, et surtout à ce débordement de
sentimentalité que leur donne l'exagération
nécessaire à l'optique de la scène. Les diffé-
rentes façons dont ces braves gens manifestaient
leur émotion en cette circonstance douloureuse
étaient vraiment curieuses à observer. Chaque
entrée dans la petite cour pavée et noire de la
maison mortuaire était comme une entrée en
scène et variait selon l'emploi du comédien.
Les grands premiers rôles, l'air fatal, le sourcil

l'échéance ! » Le terrible, c'est que plus le jour de l'échéance approchait, plus le cri devenait aigu et féroce, plein de menaces de saisie et d'assignation.

Infortuné poète ! ce n'était pas assez des fatigues de la journée, des courses à travers la ville pour se procurer de l'argent ; il fallait encore que cette cruelle petite voix vînt lui enlever le sommeil et le repos. A qui appartenait-elle donc, cette voix fantastique ? Quel esprit de malice pouvait s'amuser à le martyriser ainsi ? Il voulut en avoir le cœur net. Une nuit donc, au lieu de se coucher, il éteignit sa lumière, ouvrit sa fenêtre et attendit.

Je n'ai pas besoin de vous dire qu'en sa qualité de poète lyrique, mon ami habitait très haut, au niveau des toits. Pendant des heures, il ne vit rien que cette pittoresque étendue de toits serrés, inclinés l'un vers l'autre, que les rues traversaient en tous sens comme d'immenses précipices, et que les cheminées, les pignons déchiquetés par un rayon de lune accidentaient capricieusement. Au-dessus de Paris endormi et noir, cela faisait comme une seconde ville, une ville aérienne, suspendue et flottant entre le vide de l'ombre et la lumière éblouissante de la lune.

Mon ami attendit, attendit longtemps. Enfin, vers les deux ou trois heures du matin, comme

43

mis le mot « accepté » en travers d'une lettre
de change! A tout ce monde-là, l'homme bleu
jetait en passant son cri d'alarme. Il le jetait
au-dessus des fabriques à cette heure éteintes
et muettes, au-dessus des grands hôtels de la
finance, endormis dans le silence luxueux de
leurs jardins, au-dessus de ces maisons à cinq,
six étages, de ces toits inégaux, disparates,
amoncelés au fond des quartiers pauvres. « L'é-
chéance!... l'échéance! » D'un bout à l'autre de
la ville, dans cette atmosphère de cristal que
font sur les hauteurs le grand froid et la lune
claire, la petite voix stridente sonnait impitoyablement. Partout sur son passage elle chassait le sommeil, réveillait l'inquiétude, fatiguait
la pensée et les yeux, et, du haut en bas des
maisons parisiennes, faisait courir comme un
vague frisson de malaise et d'insomnie.

Pensez ce que vous voudrez de cette légende,
voici dans tous les cas ce que je puis vous assurer pour appuyer le récit de mon poète, c'est
qu'une nuit, vers la fin de janvier, le vieux caissier Sigismond, de la maison Fromont jeune
et Risler aîné, fut réveillé en sursaut dans son
petit logis de Montrouge par la même voix ta-
quine, le même grincement de chaînette suivi
de ce cri fatal :

« L'échéance! »

mieux qu'un protêt... Oh ! l'idée que le garçon
de banque arriverait devant son grillage, la
mine assurée et confiante, qu'il poserait ses
billets tranquillement sur la tablette, et que
lui, Planus, Sigismond Planus, serait obligé de
dire :

— Remportez vos traites... Je n'ai pas d'argent
pour faire face....

Non, non. Ce n'était pas possible. Toutes les
humiliations étaient préférables à celle-là.

— Allons, c'est dit... J'irai en tournée demain, soupirait le pauvre caissier.

Et pendant qu'il s'agitait, qu'il se tourmentait ainsi sans pouvoir fermer l'œil jusqu'au
matin, l'homme bleu, continuant sa ronde, s'en
allait secouer son sac d'écus et sa chaînette
au-dessus d'une mansarde du boulevard Beaumarchais, où, depuis la mort de Désirée, l'illustre Delobelle était venu habiter avec sa
femme.

« L'échéance ! l'échéance !... »

Hélas ! la petite boiteuse ne s'était pas trom-
pée dans ses prédictions. Elle partie, la maman
Delobelle n'avait pas pu continuer longtemps
les oiseaux et mouches pour modes. Ses yeux
étaient perdus de larmes ; et ses vieilles mains
tremblaient trop pour planter d'aplomb les colibris, qui malgré tous ses efforts gardaient une
physionomie piteuse et dolente. Il avait fallu y

Zizi, qu'on ne pouvait pas regarder sans larmes
et qui semblait avoir gardé quelque chose de
la chérie, de ses gestes, de son attitude, l'af-
faissement de ses longues journées de rêverie
et de travail. La maman Delobelle en mourrait
sûrement, de voir tous ces chers souvenirs dis-
paraître...

En pensant à cela, le malheureux cabotin
que son égoïsme épais ne garantissait pourtant
pas toujours des piqûres du remords, se tournait, se retournait dans son lit, poussait de
gros soupirs ; et tout le temps il avait devant
les yeux la petite figure pâle de Désirée, avec
ce regard suppliant et tendre qu'elle tournait
anxieusement vers lui au moment de mourir,
quand elle lui demandait tout bas de renoncer...
de renoncer... A quoi voulait-elle donc que son
père renonçât? Elle était morte sans pouvoir le
lui dire ; mais Delobelle avait tout de même
un peu compris, et depuis lors, dans cette nature impitoyable, un trouble, un doute, étaient
entrés, qui se mêlaient cruellement cette nuit-
là à ses inquiétudes d'argent...

« L'échéance !... l'échéance !... »

Cette fois, c'était dans la cheminée de
M. Chèbe que le petit homme bleu jetait en
passant son cri sinistre.

Il faut vous dire que M. Chèbe, depuis quelque temps, s'était lancé dans des entreprises

considérables, un commerce « debout », très
vague, excessivement vague, qui lui dévorait
beaucoup d'argent. A plusieurs reprises déjà,
Risler et Sidonie avaient été obligés de payer
les dettes de leur père, à la condition expresse
qu'il se tiendrait tranquille, qu'il ne ferait plus
d'affaires; mais ces plongeons perpétuels étaient
nécessaires à son existence. Il s'y retrempait
chaque fois d'un courage nouveau, d'une activité plus ardente. Quand il n'avait pas d'argent, M. Chèbe donnait sa signature; il en faisait même un abus déplorable, de sa signature,
comptant toujours sur les bénéfices de l'entre-
prise pour satisfaire à ses engagements. Le
diantre, c'est que les bénéfices ne se montraient jamais, tandis que les billets souscrits,
après avoir circulé des mois entiers d'un bout
de Paris à l'autre, revenaient au logis avec une
ponctualité désespérante, tout noirs des hiéro-
glyphes ramassés pendant le chemin.

Justement, son échéance de janvier était
très lourde, et en entendant passer le petit
bonhomme bleu, il s'était rappelé tout à coup
qu'il n'avait pas un sou pour payer. O rage! Il
allait falloir encore s'humilier devant ce Risler,
courir le risque d'être refusé, avouer qu'il avait
manqué à sa parole... L'angoisse du pauvre
diable en pensant à ces choses s'augmentait du
silence de la nuit où l'œil est inoccupé, où la

l'écoutait pas, et dans la journée encore, à
propos d'un grand bal qu'elle allait donner,
elle avait déclaré tout net que rien ne l'empêcherait d'inviter son ténor.

— Mais c'est votre amant! lui avait crié
Georges avec colère, les yeux fixés dans les
siens.

Elle n'avait pas dit non; elle n'avait pas
même détourné son regard. Seulement, toujours très froide, avec son mauvais petit sourire, elle lui avait signifié qu'elle ne reconnaissait à personne le droit de juger ou de gêner
ses actions, qu'elle était libre, qu'elle entendait
bien rester libre et n'être pas plus tyrannisée
par lui que par Risler. Ils avaient passé une
heure ainsi, en voiture, les stores baissés, à se
disputer, à s'injurier, presque à se battre...

Et dire qu'à cette femme il avait tout sacrifié,
sa fortune, son honneur, jusqu'à cette charmante Claire, endormie avec l'enfant dans la
chambre à côté, tout un bonheur à portée de sa
main, qu'il avait dédaigné pour cette gueuse!...
Maintenant elle venait lui avouer qu'elle ne
l'aimait plus, qu'elle en aimait un autre. Et
lui, le lâche, il en voulait encore. Qu'est-ce
qu'elle lui avait donc fait boire?

Soulevé par l'indignation qui bouillonnait
dans tout son être, Georges Fromont s'était ar-
raché de son fauteuil, marchait fébrilement par

la chambre, et son pas résonnait dans le silence
de la maison muette, comme une vivante
insomnie... L'autre dormait là-haut. Elle dormait avec le privilège de sa nature inconsciente
et sans remords. Peut-être aussi pensait-elle à
son Cazaboni.

Quand cette idée lui traversait l'esprit,
Georges avait des tentations folles de monter,
de réveiller Risler, de tout lui dire et de se
perdre avec elle. Il était aussi trop bête, ce
mari trompé! Comment ne la surveillait-il pas
davantage? Elle était assez jolie, surtout assez
vicieuse pour qu'on prît des précautions.

Et c'est pendant qu'il se débattait au milieu
de ces préoccupations cruelles et stériles, que
le cri d'alarme du petit homme bleu retentit
tout à coup dans le bruit du vent :

« L'échéance !... l'échéance !... »

Le malheureux! Dans sa colère, il n'y avait
plus songé. Et pourtant il la voyait venir
depuis longtemps, cette terrible fin de janvier.
Que de fois, entre deux rendez-vous, alors que
sa pensée, libre une minute de Sidonie, revenait aux affaires, à la réalité de la vie, que
de fois il s'était dit : Ce jour-là, c'est la débâcle ! » Mais comme tous ceux qui vivent
dans le délire de l'ivresse, sa lâcheté lui faisait croire qu'il était trop tard pour rien réparer, et il repartait plus vite et plus fort dans sa

route mauvaise, pour oublier, pour s'étourdir.

A cette heure, il n'y avait plus moyen de s'étourdir. Il voyait son désastre clairement, jusqu'au fond ; et la figure sèche et sérieuse de Sigismond Planus se dressait devant lui avec ses traits taillés à coups de couteau, dont nulle expression ne corrigeait la roideur, et ses yeux clairs de Suisse-Allemand qui, depuis quelque temps, le poursuivaient d'un si impassible regard.

Eh bien ! non, non, il ne les avait pas, ces cent mille francs, et il ne savait où les prendre. Depuis six mois, pour subvenir aux fantaisies ruineuses de sa maîtresse, il avait beaucoup joué, perdu des sommes énormes. Par là-dessus la faillite d'un banquier, un inventaire pitoyable... Il ne lui restait plus rien que la fabrique, et dans quel état !

Où aller à présent, et que faire ?

Ce qui, quelques heures auparavant, lui semblait un chaos, un tourbillon, où il ne voyait rien distinctement et dont la confusion lui était encore un espoir, lui apparaissait en ce moment d'une netteté épouvantable. Des caisses vides, des portes fermées, des protêts, la ruine. Voilà ce qu'il apercevait, de quelque côté qu'il se tournât. Et comme à tout cela se joignait la trahison de Sidonie, le malheureux, éperdu, ne sachant à quoi s'accrocher dans ce grand nau-

demain à Savigny demander cet argent au grand-père.

Jamais il n'eût osé lui parler de cela. La pensée ne lui en serait même pas venue. Elle était si fière, et le vieux Gardinois si dur! C'était certes un grand sacrifice qu'elle lui faisait là, une preuve d'amour éclatante qu'elle lui donnait. Subitement il fut envahi par cette chaleur de cœur, cette allégresse qui vient après le danger passé. Claire lui apparaissait comme un être surnaturel qui avait le don de bonté et d'apaisement, autant que l'autre, là-haut, avait le don d'affolement et de destruction. Volontiers il se fût mis à genoux devant ce beau visage que ses cheveux noirs, magnifiquement tordus pour la nuit, entouraient d'un nimbe brillant, bleuté, et où la régularité des traits un peu sévères se fondait dans une admirable expression de tendresse.

— Claire, Claire... que tu es bonne!

Sans répondre, elle l'amena vers le berceau de leur enfant.

— Embrasse-la... lui dit-elle doucement; et comme ils étaient là tous les deux l'un près de l'autre, perdus dans la mousseline du rideau, la tête penchée sur ce petit souffle apaisé, mais encore un peu haletant des secousses de son mal, Georges eut peur de réveiller sa fille, et il embrassa la mère éperdument.

temps, et de bon cœur, comme d'une plaisanterie un peu forte du vieux caissier. Sacré père Planus, va !... C'est qu'il riait, lui aussi, le vieux ! Il riait sans en avoir envie, pour faire comme les autres.

Enfin, on s'expliqua. Fromont jeune était venu lui-même, six mois auparavant, chercher l'argent resté entre leurs mains.

Sigismond se sentit fléchir. Il eut pourtant assez de courage pour répondre :

— Tiens ! c'est vrai. Je l'avais oublié... Ah ! décidément, Sigismond Planus se fait vieux... Je baisse, mes enfants, je baisse...

Et le brave homme s'en alla en essuyant ses yeux, où perlaient encore de grosses larmes de cette bonne partie de rire qu'il venait de faire. Derrière lui les jeunes gens se regardèrent en hochant la tête. Ils avaient compris.

L'étourdissement du coup reçu avait été si terrible que le caissier, une fois dehors, fut obligé de s'asseoir sur un banc. Voilà donc pourquoi Georges ne prenait plus d'argent à la caisse. Il faisait ses rentrées lui-même. Ce qui s'était passé chez les Prochasson avait dû se passer partout ailleurs. Il était donc bien inutile de s'exposer à des humiliations nouvelles. Oui ; mais l'échéance, l'échéance !... Cette idée lui redonna des forces. Il essuya son front plein de sueur et se remit en route pour tenter

se réjouissaient en sa présence de l'heureuse tournure que leurs affaires commençaient à prendre, son petit œil bleu, matois et fin, souriait ironiquement, et il avait un « tout ça se verra au bout » dont l'intonation faisait frissonner. Parfois aussi, le soir, à Savigny, alors que le parc, les avenues, les ardoises bleues du château, les briques roses des écuries, les étangs, les pièces d'eau resplendissaient, baignés de la gloire dorée d'un beau soleil couchant, cet étrange parvenu, après un regard circulaire, disait tout haut devant ses enfants :

— Ce qui me console de mourir un jour, c'est que personne dans la famille ne sera assez riche pour garder un château qui coûte cinquante mille francs d'entretien par an.

Pourtant, avec cette tendresse de regain que les grands-pères, même les plus secs, trouvent au fond de leur cœur, le vieux Gardinois aurait volontiers choyé sa petite-fille. Mais Claire, tout enfant, avait eu une invincible antipathie pour la dureté de cœur, l'égoïsme glorieux de l'ancien paysan. Puis, quand l'affection ne met pas de liens entre ceux que les différences d'éducation séparent, l'antipathie s'accroît de mille nuances. Au moment du mariage de Claire avec Georges, le bonhomme avait dit à Mᵐᵉ Fromont :

— Si ta fille veut, elle aura de moi un cadeau princier ; mais il faut qu'elle le demande.

Et Claire n'avait rien eu, n'ayant rien voulu demander.

Quel supplice de venir, trois ans après cela, implorer cent mille francs de la générosité jadis dédaignée, de venir s'humilier, affronter les sermons sans fin, les ricanements bêtes, le tout assaisonné de plaisanteries berrichonnes, de mots de terroir, de ces dictons, justes en général, trouvés par des esprits courts mais logiques, et qui blessent dans leur patois trivial, comme l'injure d'un inférieur !

Pauvre Claire ! Son mari, son père allaient être humiliés en elle-même. Il faudrait avouer l'insuccès de l'un, la débâcle de cette maison que l'autre avait fondée et dont il était si fier de son vivant. Cette idée qu'elle allait avoir à défendre tout ce qu'elle aimait le plus au monde, faisait sa force et en même temps sa faiblesse...

Il était onze heures quand elle arriva à Savigny. Comme elle n'avait prévenu personne de sa visite, la voiture du château ne se trouvait pas à la gare et elle dut faire le chemin à pied.

Le froid était vif, la route dure et sèche. La bise sifflait librement dans les plaines arides et sur la rivière, où elle s'abattait sans obstacle à travers les arbres, les taillis défeuillés. Sous

46

le ciel bas, le château apparaissait, déroulant sa longue ligne de petits murs et de haies qui le séparaient des champs environnants. Les ardoises de la toiture étaient sombres comme le ciel qu'elles reflétaient ; et toute cette magnifique résidence d'été transformée par l'hiver, âpre, muette, sans une feuille à ses arbres ni un pigeon sur ses toits, semblait n'avoir gardé de vivant que le frissonnement humide de ses pièces d'eau et la plainte des grands peupliers, qui s'abaissaient l'un vers l'autre, en secouant les nids de pies embroussaillés dans leur faîte.

De loin, Claire trouvait à la maison de sa jeunesse un air revêche et triste. Il lui semblait que Savigny la regardait venir avec le visage froid, aristocratique, qu'il avait pour les passants du grand chemin arrêtés aux fers de lance de ses grilles.

O cruel visage des choses !

Et pourtant non, pas si cruel. Car avec son aspect de maison fermée, Savigny semblait lui dire : « Va-t'en... n'entre pas... » Et si elle avait voulu l'écouter, Claire, renonçant à son projet de parler au grand-père, serait retournée bien vite à Paris pour garder le repos de sa vie. Mais elle ne comprit pas, la pauvre enfant, et déjà le grand terre-neuve, qui l'avait reconnue, arrivait en bondissant parmi les feuilles mortes et soufflait à la porte d'entrée.

lutté, demanda le grand-père, assis derrière son immense bureau.

Perluté, dans le dictionnaire berrichon, signifie troublé, affolé, retourné, et s'appliquait parfaitement à Claire. Sa course rapide à l'air froid de la plaine, l'effort qu'elle avait fait d'être là, donnaient à son visage, moins posé qu'à l'ordinaire, une expression inaccoutumée. Sans qu'il l'y eût engagée le moins du monde, elle vint l'embrasser et s'asseoir devant le feu, où des bûches entourées de mousse sèche, des pommes de pin ramassées aux allées du parc, brûlaient avec des éclats de vie, des frémissements de sève. Elle ne prit même pas le temps de secouer le grésil qui emperlait sa voilette et parla tout de suite, fidèle à sa résolution de dire, dès en entrant, le motif de sa visite, avant de s'être laissé impressionner par l'atmosphère de crainte et de respect qui environnait le grand-père, en faisait une sorte de dieu redoutable.

Il lui en fallut du courage pour ne pas se troubler, pour ne pas s'interrompre devant ce regard clair qui la fixait, animé dès les premiers mots d'une joie méchante, devant cette bouche féroce dont les coins arrêtés semblaient clos par le mutisme voulu, l'entêtement, la négation de toute sensibilité! Elle alla d'un trait jusqu'au bout, respectueuse sans humilité, cachant son

campagnards qui, lorsque l'ennemi est tombé, ne le quittent jamais sans lui laisser les clous de leurs souliers marqués sur la figure.

— Tout ce que je peux te dire, petite, c'est que Savigny vous est ouvert... Que ton mari vienne ici ! J'ai justement besoin d'un secrétaire. Eh bien ! Georges tiendra mes écritures avec douze cents francs par an et la pâtée à tout le monde... Offre-lui cela de ma part, et arrivez...

Elle se leva indignée. Elle était venue comme sa fille, et il la recevait comme une mendiante. Dieu merci ! ils n'en étaient pas encore là.

— Tu crois ? fit M. Gardinois avec un petit clignement d'yeux féroce.

Frémissante, Claire marcha vers la porte, sans répondre. Le vieux la retint d'un geste.

— Prends garde ! tu ne sais pas ce que tu refuses... C'est dans ton intérêt, tu m'entends bien, que je te proposais de faire venir ton mari ici... Tu ne sais pas la vie qu'il mène là-bas... Tu ne le sais pas, bien sûr, sans cela tu ne viendrais pas me demander mon argent pour qu'il passe où a passé le tien... Ah ! c'est que je suis au courant, moi, des affaires de ton homme. J'ai ma police à Paris, et même à Asnières, comme à Savigny... Je sais ce qu'il fait de ses nuits et de ses journées, ce paroissien-là ; et je ne veux pas que mes écus aillent dans les endroits où il va. Ça n'est pas assez

Claire l'écoutait sans rien dire, avec un beau sourire d'incrédulité. Ce sourire excitait le vieux, éperonnait sa malice... Ah! tu ne me crois pas!... Ah! tu veux des preuves!... Et il en donnait, les accumulait, la criblait de coups de couteau dans le cœur. Elle n'avait qu'à aller voir chez Darche, le bijoutier de la rue de la Paix. Quinze jours auparavant, Georges avait acheté là une rivière en diamants de trente mille francs. C'étaient les étrennes de Sidonie. Trente mille francs de diamants, au moment de faire faillite !

Il aurait pu parler la journée entière que Claire ne l'eût pas interrompu. Elle sentait que le moindre effort aurait fait déborder les larmes dont ses yeux étaient remplis, et elle voulait sourire au contraire, sourire jusqu'au bout, la chère et vaillante créature. De temps en temps seulement elle regardait du côté de la route. Elle avait hâte de sortir, de fuir le son de cette voix méchante qui la poursuivait impitoyablement.

Enfin il s'arrêta ; il avait tout dit. Elle s'inclina, et alla vers la porte.

— Tu t'en vas ?... Comme tu es pressée !... dit le grand-père en la suivant dehors.

Au fond, il était un peu honteux de sa férocité.

— Tu ne veux pas déjeuner avec moi ?

Elle fit *non* de la tête, sans la force d'une parole.

— Attends au moins qu'on attelle... on te conduira à la gare.

Non, toujours non.

Et elle continuait à marcher avec le vieux sur ses talons.

Droite, fière, elle traversa ainsi la cour toute pleine de souvenirs d'enfance, sans seulement se retourner une fois. Et pourtant, que d'échos de bons rires, que de rayons du soleil de ses jeunes années, étaient restés dans le moindre petit grain de sable de cette cour!

Son arbre, son banc favori, gardaient toujours leurs mêmes places. Elle n'eut pas un regard pour eux, ni pour les faisans de la volière, ni même pour le grand chien Kiss, qui la suivait docilement, attendant une caresse qu'on ne lui donna pas. Elle était entrée comme une enfant de la maison; elle sortait en étrangère, avec des préoccupations affreuses, que le moindre rappel de son passé heureux et calme n'aurait pu qu'aggraver encore.

— Adieu, grand-père!

— Adieu, alors!

Et la porte se referma brutalement sur elle. Une fois seule, elle se mit à marcher vite, vite, presque à courir. Elle ne marchait pas, elle se sauvait. Tout à coup, en arrivant au bout du

47

l'injustice de la vie. Elle se demandait : « Pourquoi ? Qu'est-ce que j'ai fait ? »

Puis, tout à coup : « Non ! ce n'est pas vrai.
Ce n'est pas possible... On a menti... » Et tout
en continuant sa route vers la gare, la malheureuse cherchait à se convaincre, à se faire une
certitude. Mais elle n'y parvenait pas.

La vérité entrevue est comme ces soleils
voilés qui fatiguent bien plus les yeux que les
rayons les plus ardents. Dans la demi-obscu-
rité qui entourait encore son malheur, la pauvre
femme y voyait plus clair qu'elle n'aurait voulu.
Maintenant, elle comprenait, elle s'expliquait
les particularités de l'existence de son mari,
ses absences, ses inquiétudes, ses airs embarrassés à certains jours, et parfois quand il
rentrait, cette abondance de détails qu'il lui
donnait sur ses courses, mettant les noms en
avant comme des preuves qu'elle ne lui demandait pas. De toutes ces conjectures l'évidence de
la faute se résumait pour elle. Pourtant elle se
refusait encore à y croire, et attendait d'être à
Paris pour ne plus douter.

Il n'y avait personne à la gare, une petite
gare isolée et triste où pas un voyageur ne se
montre en hiver. Comme Claire était là assise
à attendre le train, en regardant vaguement le
jardin mélancolique du chef de gare et ces
débris de plantes grimpantes courant tout le

très attentive à regarder les bijoux dispersées
sur le velours des écrins ; et, à la voir, élégante
dans sa mise discrète, penchée vers ce scintille-
ment menu et attractif, on aurait pu la prendre
pour une heureuse femme en train de choisir
quelque parure, bien plus que pour une âme
douloureuse et troublée venant chercher là le
secret de sa vie.

Il était trois heures de l'après-midi. En hiver,
à ce moment de la journée, la rue de la Paix
a une physionomie vraiment éblouissante. Entre
la matinée courte et le soir vite venu, l'existence
se dépêche dans ces quartiers luxueux. C'est un
va-et-vient de voitures rapides, un roulement
ininterrompu, et sur les trottoirs une hâte
coquette, un froissement de soie, de fourrures.
L'hiver est la vraie saison de Paris. Pour le
voir beau, heureux, opulent, ce Paris du diable,
il faut le regarder vivre sous un ciel bas, alourdi
de neige. La nature est pour ainsi dire absente
du tableau. Ni vent, ni soleil. Juste assez de
lumière pour que les couleurs les plus effacées,
les moindre reflets prennent une valeur admirable, depuis les tons gris roux des monuments,
jusqu'aux perles de jais qui constellent une
toilette de femme. Les affiches de théâtres, de
concerts, resplendissent, comme éclairées des
splendeurs de la rampe. Les magasins ne désem-
plissent pas. Il semble que tous ces gens circulent

pour des apprêts de fêtes perpétuelles. Alors,
s'il y a une douleur qui se mêle à ce bruit, à ce
mouvement, elle en paraît bien plus affreuse.
Pendant cinq minutes, Claire souffrit un mar-
tyre pire que la mort. Là-bas, sur la route de
Savigny, dans l'immensité des plaines désertes,
son désespoir s'éparpillait à l'air vif et semblait
tenir moins de place. Ici, il l'étouffait. Les voix
qui sonnaient auprès d'elle, les pas, le frôle-
ment inconscient des promeneurs, tout augmentait son supplice.

Enfin elle entra...

— Ah ! oui, madame, parfaitement... Monsieur Fromont... Une rivière de diamants et de
roses. Nous pourrions vous faire la pareille
pour vingt-cinq mille francs.

C'était cinq mille francs de moins qu'à lui.

— Merci, monsieur ! dit Claire... Je réflé-
chirai.

Une glace en face d'elle, où elle vit ses yeux
cerclés et sa pâleur de morte, lui fit peur. Elle
sortit vite, en se roidissant pour ne pas tomber.

Elle n'avait qu'une idée, échapper à la rue,
au bruit, se retrouver seule, bien seule, pour
pouvoir se plonger, s'abîmer dans ce gouffre de
pensées navrantes, de choses noires qui tourbillonnaient au fond de son âme. Oh ! le lâche
l'infâme !... Et elle qui, cette nuit encore, le consolait, l'entourait de ses bras !

fuir ce milieu de trahisons et de mensonges.

En ce moment elle était dans sa chambre à faire une malle, à entasser des effets. Navrante occupation. Chaque objet qu'elle déplaçait remuait en elle des mondes de pensées, de souvenirs. Il y a tant de nous-mêmes dans tout ce qui nous sert. Quelquefois le parfum d'un sachet, le dessin d'une dentelle suffisait pour lui faire venir des larmes. Tout à coup, un pas lourd retentit dans le salon, dont la porte était entr'ouverte ; puis, on toussa légèrement comme pour avertir qu'il y avait quelqu'un là. Elle crut que c'était Risler ; car lui seul avait le droit d'entrer chez elle avec cette familiarité. L'idée de se retrouver devant ce visage hypocrite, ce sourire menteur l'écœurait tellement qu'elle se précipita pour fermer la porte.

— Je n'y suis pour personne.

La porte résista, et la tête carrée de Sigismond parut dans l'entre-bâillement.

— C'est moi, madame, dit-il tout bas. Je viens chercher l'argent.

— Quel argent ? demanda Claire, qui ne se rappelait plus pourquoi elle était allée à Savigny.

— Chut !... Les fonds pour mon échéance de demain. M. Georges, en sortant, m'avait dit que vous me les remettriez tantôt.

— Ah ! oui..., c'est vrai... Les cent mille

48

francs... Je ne les ai pas, monsieur Planus ; je n'ai rien.

— Alors, dit le caissier avec un son de voix étrange, comme s'il se parlait à lui-même, alors c'est la faillite.

Et il s'en retourna lentement.

La faillite !...

Elle s'assit, épouvantée, anéantie.

Depuis quelques heures, la ruine de son bonheur lui avait fait oublier celle de la maison ; mais elle se souvenait maintenant.

Ainsi son mari était ruiné.

Tout à l'heure, en rentrant, il allait apprendre son désastre, et il apprendrait en même temps que sa femme et son enfant venaient de partir, qu'il restait seul au milieu de ce sinistre.

Tout seul, lui, cet être si mou, si faible, qui ne savait que pleurer, se plaindre, montrer le poing à la vie, comme un enfant. Qu'allait-il devenir, le malheureux ?

Elle en avait ~~pitié malgré son~~ crime.

Puis cette idée lui vint qu'elle aurait peut-être l'air d'avoir fui devant la faillite, la misère.

Georges pourrait se dire :

« Si j'avais été riche, elle m'aurait pardonné ! »

Devait-elle lui laisser ce doute ?

départ si prompt, si inconcevable de Frantz à
son dernier voyage, et cette courte apparition
de son frère, qui, sans lui donner le temps de
le posséder, avait ravivé tous ses souvenirs
d'affection et de vie commune. Aussi comptait-
il bien, quand l'imprimeuse serait lancée, trouver
dans la fabrique un petit coin où Frantz pourrait s'utiliser, se préparer un avenir véritable.
Comme toujours, Risler ne pensait qu'au bonheur des autres. Sa seule satisfaction égoïste
était de voir chacun sourire autour de lui.

Tout en se hâtant, il arriva au coin de la rue
des Vieilles-Haudriettes. Une longue file de
voitures stationnait devant la maison ; et la
lueur de leurs lanternes dans la rue, les ombres
des cochers s'abritant de la neige dans les
recoins, dans les angles que ces vieux hôtels
ont gardés malgré l'alignement des trottoirs,
animaient ce quartier désert et silencieux.

« Tiens ! c'est vrai, pensa le brave homme,
nous avons un bal chez nous. » Il se rappela
que Sidonie donnait une grande soirée musicale
et dansante, à laquelle elle l'avait du reste dis-
pensé d'assister, « sachant bien qu'il était trop
occupé. » Au milieu de ses projets, de ses visions de richesse généreuse, cette fête, dont
l'écho venait jusqu'à lui, acheva de le réjouir
et de le rendre fier. Avec une certaine solennité,
il poussa le lourd portail entre-bâillé pour les

allées et venues des invités, et là-bas, au fond
du jardin, aperçut tout le second étage de l'hôtel
splendidement éclairé.

Des ombres passaient et repassaient derrière
le voile flottant des rideaux ; l'orchestre, deviné
dans son flux et reflux de sons étouffés, semblait suivre le mouvement de ces apparitions
furtives. On dansait. Un moment Risler arrêta
son regard sur cette fantasmagorie du bal, et
dans une petite pièce attenant au salon, il
reconnut la silhouette de Sidonie.

Elle était droite en sa toilette étoffée, avec
l'attitude d'une jolie femme devant son miroir.
Derrière elle, une ombre plus petite, sans doute
Mme Dobson, réparait quelque désordre de la
robe, le nœud d'un ruban fixé au cou et dont
les longs bouts flottants s'abaissèrent sur le flou
de la traîne. Tout cela était très vague, mais la
grâce de la femme se reconnaissait dans ces
lignes à peine indiquées, et Risler s'attarda
longtemps à l'admirer.

Au premier, le contraste était frappant. Il
n'y avait rien d'allumé, à l'exception d'une
petite lampe dans les tentures lilas de la chambre à coucher. Risler remarqua ce détail, et
comme la petite Fromont avait été malade
quelques jours auparavant, il s'inquiéta, se rappela l'agitation singulière de Mme Georges, passant rapidement à son côté dans l'après-midi,

et revint sur ses pas jusqu'à la loge du père
Achille pour avoir des nouvelles.

La loge était pleine. Des cochers se chauf-
faient autour du poêle, bavardaient et riaient
dans la fumée de leurs pipes. Quand Risler
parut, il se fit un grand silence, un silence
curieux, narquois, inquisiteur. On devait parler
de lui.

— Est-ce que l'enfant est encore malade chez
les Fromont ?... demanda-t-il.

— Non. Ce n'est pas l'enfant. C'est monsieur.

— Monsieur Georges est malade ?

— Oui. Ça l'a pris ce soir en rentrant. Je
suis allé chercher le médecin tout de suite... Il
a dit que ça ne serait rien, que monsieur avait
seulement besoin de repos.

Et pendant que Risler refermait la porte, le
père Achille ajoutait à mi-voix avec cette inso-
lence d'inférieur, moitié craintive, moitié auda-
cieuse, qui voudrait à la fois être écoutée et à
peine entendue :

— Ah, dame ! ils ne sont pas en train de
rigoler au premier comme au second !

Voici ce qui s'était passé :

Fromont jeune, en rentrant le soir, avait
trouvé à sa femme une physionomie si navrée,
si changée, qu'il devina tout de suite une catastrophe. Seulement, il était si bien fait depuis
deux ans à l'impunité de sa trahison, qu'il ne

lui vint même pas une minute à l'esprit que sa
femme pût être informée de sa conduite. Claire,
de son côté, pour ne pas l'accabler, eut la générosité de ne parler que de Savigny.

— Grand-père n'a pas voulu, lui dit-elle.

Le malheureux pâlit affreusement.

— « Je suis perdu... Je suis perdu... » répéta-
t-il deux ou trois fois avec l'égarement de la
fièvre ; et ses nuits d'insomnie, une terrible et
dernière scène qu'il venait d'avoir avec Sidonie
pour l'empêcher de donner cette fête à la veille
de la ruine, le refus de M. Gardinois, tous ces
bouleversements qui se tenaient l'un l'autre et
l'avaient agité tour à tour, se résumèrent dans
une vraie crise de nerfs. Claire eut pitié de lui,
le fit coucher et s'installa près de son lit. Elle
essaya de lui parler, de le remonter ; mais sa
voix n'avait plus cet accent de tendresse qui
apaise et qui persuade. Il y avait dans ses gestes,
dans la façon dont elle relevait l'oreiller sous
la tête du malade, dont elle lui préparait une
potion calmante, une indifférence, un détache-
ment singulier.

— Mais je t'ai ruinée ! lui disait Georges de
temps en temps, comme pour secouer cette
froideur qui le gênait. Elle avait un beau geste
dédaigneux... Ah ! s'il ne lui avait fait que cela !

A la fin, pourtant, ses nerfs se calmèrent, la
fièvre tomba, et il s'endormit.

49

Elle resta près de lui à veiller.

« C'est mon devoir, » se disait-elle.

Son devoir !

Elle en était là maintenant, vis-à-vis de cet être qu'elle avait adoré si aveuglément, avec l'espoir d'une longue et heureuse vie à deux.

En ce moment le bal commençait à s'animer chez Sidonie. Le plafond tremblait en mesure, car pour faciliter les danses, Mme Risler avait fait enlever tous les tapis de ses salons. Quelquefois aussi un bruit de voix arrivait par bouffées, puis des applaudissements nombreux, multipliés, où l'on devinait la foule des invités, l'appartement comble.

Claire songeait. Elle ne s'épuisait pas en regrets, en lamentations stériles. Elle savait la vie inflexible, et que tous les raisonnements n'arrêtent pas la triste logique de sa marche inévitable. Elle ne se demandait pas comment cet homme avait pu la tromper si longtemps, comment il avait pu, pour un caprice, perdre l'honneur et la joie de sa maison. Ceci était le fait ; et toutes ses réflexions ne pouvaient l'effacer, réparer l'irréparable. Ce qui la préoccupait, c'était l'avenir. Une nouvelle existence se déroulait devant ses yeux, sombre, sévère, pleine de privations et de labeurs ; et, par un effet singulier, la ruine, au lieu de l'effrayer, lui rendait tout son courage. L'idée d'un déplacement

nécessaire aux économies qu'il allait falloir réa-
liser, du travail forcé pour Georges et peut-être
pour elle, mettait je ne sais quelle activité dans
le calme plat de son désespoir. Quelle lourde
charge d'âmes elle allait avoir avec ses trois
enfants : sa mère, sa fille, et son mari ! Le sentiment de sa responsabilité l'empêchait de trop
s'attendrir sur son malheur, sur la déroute de
son amour ; et, à mesure qu'elle s'oubliait elle-
même à la pensée des êtres faibles qu'elle avait
à protéger, elle comprenait mieux la valeur de
ce mot « sacrifice, » si vague dans les bouches
indifférentes, si sérieux quand il devient une
règle de vie.

Voilà à quoi songeait la pauvre femme en
cette triste veillée, veillée d'armes et de larmes
pendant laquelle elle se préparait au grand
combat. Voilà ce qu'éclairait la discrète petite
lampe que Risler avait vue d'en bas, comme
une étoile tombée des lustres éclatants du bal.

Rassuré par la réponse du père Achille, le
brave homme songea à monter chez lui, en évi-
tant la fête et les invités dont il se souciait
fort peu.

Dans ces occasions, il prenait un petit escalier
de service qui communiquait avec les bureaux
de la caisse. Il s'engagea donc dans les ateliers
vitrés, que la lune réverbérée par la neige éclairait comme en plein jour. On y respirait encore

pas même les yeux. Il avait reconnu le pas de Risler. Celui-ci, un peu intimidé, hésita une minute ; ensuite, par un de ces ressorts secrets que nous avons en nous et qui nous mettent malgré tout dans la voie de notre destinée, il vint droit au grillage de la caisse.

— Sigismond !... dit-il d'une voix grave.

Le vieux leva la tête et montra un visage crispé où coulaient deux grosses larmes, les premières peut-être que cet homme-chiffre eût jamais versées de sa vie.

— Tu pleures, mon vieux !... Qu'est-ce que tu as ?

Et le bon Risler tout attendri tendit la main à son ami, qui retira la sienne brusquement. Ce mouvement de recul fut si instinctif, si violent, que toute l'émotion de Risler se changea en indignation.

Il se redressa sévèrement :

— Je te tends la main, Sigismond Planus ! dit-il.

— Et moi, je ne te la donne pas !... fit Planus en se levant.

Il y eut un silence terrible, pendant lequel on entendit là-haut la musique étouffée de l'orchestre et le bruit du bal, ce bruit lourd et bête des planchers secoués par le rythme de la danse.

— Pourquoi refuses-tu de me donner la main ?

sans un mouvement, sans une parole, gardant
seulement dans ce qu'il y avait encore de vivant
en lui la ferme volonté de ne pas mourir avant
de s'être justifié. Il fallait que cette volonté fût
bien puissante ; car pendant que ses tempes
battaient, martelées par le sang qui lui bleuis-
sait la face, pendant que ses oreilles bourdon-
naient, que ses yeux voilés semblaient déjà
tournés vers l'inconnu terrible, le malheureux
se disait à lui-même d'une voix inintelli-
gible, cette voix des naufragés qui parlent
avec de l'eau plein la bouche dans le grand
vent d'une tempête : « Il faut vivre... il faut
vivre... »

Quand la conscience des choses lui revint, il
était assis sur le divan où les ouvriers s'entas-
saient les jours de paye, son manteau à terre,
sa cravate dénouée, sa chemise ouverte, fendue
par le canif de Sigismond. Heureusement pour
lui, il s'était coupé les mains en arrachant le
grillage ; le sang avait coulé abondamment, et
ce détail avait suffi pour le sauver d'une attaque
d'apoplexie. En rouvrant les yeux, il aperçut à
ses côtés le vieux Sigismond et Mme Georges,
que le caissier était allé chercher, dans sa détresse. Aussitôt que Risler put parler, c'est à
elle qu'il s'adressa en suffoquant :

— Est-ce vrai, madame Chorche, est-ce vrai
ce qu'on vient de me dire ?

— Risler, Risler !... où allez-vous ?

Elle croyait qu'il montait chez Georges.

Risler la comprit et eut un sourire superbe de dédain :

— Rassurez-vous, madame... M. Georges peut dormir tranquille... J'ai quelque chose de plus pressé à faire que de venger mon honneur de mari. Attendez-moi là... je reviens.

Il s'élança dans le petit escalier; et confiante en sa parole, Claire resta en face de Planus dans une de ces minutes suprêmes et indécises qui semblent longues de toutes les suppositions qui les traversent.

Quelques instants après, un bruit de pas pressés, un froissement d'étoffes emplit l'escalier étroit et sombre.

Sidonie parut la première, en tenue de bal, splendide, et si pâle, que ses bijoux ruisselant partout sur sa peau mate semblaient plus vivants qu'elle-même, semés sur le marbre froid d'une statue. L'essoufflement de la danse, le tremblement de l'émotion et de sa course rapide la secouaient encore tout entière, et ses rubans légers, ses volants, ses fleurs, sa riche parure mondaine, s'affaissaient autour d'elle, tragiquement. Risler la suivait, chargé d'écrins, de coffrets, de papiers. En arrivant là-haut, il s'était rué sur le secrétaire de sa femme, avait pris tout ce qu'il contenait de précieux, bijoux, titres

de rente, acte de vente de la maison d'Asnières ;
puis, du seuil de la chambre, il l'avait appelée
dans le bal à voix haute :

— Madame Risler !...

Elle était accourue bien vite, sans que rien
de cette scène rapide eût dérangé les invités,
alors dans toute l'animation de la soirée. En
voyant son mari debout devant le secrétaire,
les tiroirs ouverts, enfoncés, renversés sur le
tapis avec les mille riens qu'ils contenaient,
elle comprit qu'il se passait quelque chose de
terrible.

— Venez vite, dit Risler, je sais tout.

Elle voulut prendre sa figure innocente et
hautaine ; mais il la saisit par le bras d'une vio-
lence telle, que le mot de Frantz lui revint à
l'esprit : « Il en mourra peut-être, mais il vous
tuera avant... » Comme elle avait peur de la
mort, elle se laissa emmener sans résistance, et
n'eut pas même la force de mentir.

— Où allons-nous ? demanda-t-elle à voix
basse.

Risler ne lui répondit pas. Elle n'eut que le
temps de jeter sur ses épaules nues, avec ce soin
d'elle-même qui ne la quittait jamais, un voile
de tulle léger ; et il l'entraîna, la poussa plutôt
dans l'escalier de la caisse, qu'il descendit en
même temps qu'elle, ses pas dans les siens, crai-
gnant de voir sa proie lui échapper.

Il parlait, il agissait seul. Sigismond et
Mme Georges le regardaient sans rien dire. Quant
à Sidonie, elle semblait inerte, inconsciente.
L'air froid qui venait du jardin par la petite
porte entr'ouverte lors de l'évanouissement de
Risler, la faisait frissonner, et elle ramenait
machinalement autour d'elle les plis de son
écharpe, les yeux fixes, la pensée perdue. Enten-
dait-elle au moins les violons de son bal qui
lui arrivaient aux intervalles de silence comme
une ironie féroce, avec le bruit lourd des dan-
seurs ébranlant les planchers?... Une main de
fer, s'abattant sur elle, la tira de sa torpeur
subitement. Risler l'avait prise par le bras, et
l'amenant devant la femme de son associé :

— A genoux ! lui dit-il.

Mme Fromont s'éloignait, se défendait.

— Non, non, Risler, pas cela.

— Il le faut, dit Risler implacable... Restitu-
tion, réparation... A genoux donc, misérable !...
Et, d'un mouvement irrésistible, il jeta Sidonie
aux pieds de Claire, puis, la tenant toujours par
le bras :

— Vous allez répéter avec moi et mot pour
mot ce que je vais dire : « Madame... »

Sidonie, à demi morte de peur, répéta doucement : « Madame... »

— Toute une vie d'humilité, de soumission...

— Toute une vie d'humil... Eh bien, non ! je

ne peux pas,... fit-elle en se redressant d'un élan
de bête fauve ; et, débarrassée de l'étreinte de
Risler, par cette porte ouverte qui la tentait
depuis le commencement de cette scène affreuse,
l'attirait au noir de la nuit et à la liberté de la
fuite, elle partit en courant, sous la neige qui
tombait et le vent qui fouettait ses épaules
nues.

— Arrêtez-la, arrêtez-la... Risler, Planus, je
vous en prie... Par pitié, ne la laissez pas partir
ainsi...

Planus fit un pas vers la porte.

Risler le retint :

— Je te défends de bouger, toi... Je vous
demande bien pardon, madame, mais nous avons
à traiter des affaires autrement importantes que
celle-là. Il ne s'agit plus de Mme Risler ici...
Nous avons à sauver l'honneur de la maison
Fromont, le seul en jeu, le seul qui m'occupe
en ce moment... Allons, Planus ! à ta caisse, et
faisons nos comptes.

Sigismond lui tendit la main :

— Tu es un brave homme, Risler. Pardonne-
moi de t'avoir soupçonné.

Risler fit semblant de ne pas l'entendre :

— Cent mille francs à payer, disons-nous ?...
Combien te reste-t-il en caisse ?...

Gravement il s'assit derrière le grillage, feuilletant les livres de compte, les inscriptions de

rente, ouvrant les écrins, estimant avec Planus, dont le père avait été bijoutier, tous ces diamants qu'il admirait jadis sur sa femme sans se douter de leur valeur.

Pendant ce temps, Claire, toute tremblante, regardait à la vitre le petit jardin blanc de neige, où la trace des pas de Sidonie s'effaçait déjà sous les flocons qui tombaient, comme pour témoigner que ce départ furtif n'avait plus d'espoir de retour.

Et là-haut, l'on dansait encore. On croyait la maîtresse de maison prise par les apprêts du souper, pendant qu'elle fuyait ainsi tête nue, étouffant des cris de rage et des sanglots.

Où allait-elle ?...

Elle était partie comme une folle, traversant le jardin, les cours de la fabrique, les voûtes sombres où le vent sinistre et glacial s'engouffrait. Le père Achille ne l'avait pas reconnue ; il en avait tant vu passer, cette nuit-là, des silhouettes empaquetées de blanc !

La première idée de la jeune femme fut de rejoindre le ténor Cazaboni, qu'en définitive elle n'avait pas osé inviter à son bal ; mais il demeurait à Montmartre, et c'était bien loin dans la tenue où elle se trouvait ; et puis, serait-il chez lui ? Ses parents l'auraient bien accueillie, sans doute ; mais elle entendait déjà les lamentations de Mme Chèbe et les discours

en trois points du petit homme. Alors elle pensa
à Delobelle, à son vieux Delobelle. Dans la
chute de toutes ses splendeurs, elle se rappela
celui qui avait été son premier initiateur à la
vie mondaine, qui lui donnait des leçons de
danse et de bonne tenue quand elle était petite,
riait de ses gentilles façons et lui apprenait à
se trouver belle avant que personne le lui eût
jamais dit. Quelque chose l'avertissait que ce
déclassé lui donnerait raison contre tous les
autres. Elle monta dans une des voitures qui
stationnaient à la porte et se fit conduire boulevard Beaumarchais, chez le comédien.

Depuis quelque temps la maman Delobelle
fabriquait des chapeaux de paille pour l'exportation ; métier triste s'il en fut et qui lui rapportait à peine deux francs cinquante en douze
heures de travail.

Et Delobelle continuait à engraisser à mesure
que sa « sainte femme » maigrissait davantage.
En ce moment même, il était en train de découvrir une odorante soupe au fromage, conservée
chaude dans les cendres du foyer, quand on
frappa vivement à sa porte. Le comédien, qui
venait de voir jouer à Beaumarchais je ne sais
quel drame sinistre, taché de sang jusque sur
la réclame illustrée de son affiche, tressaillit à
ces coups frappés à une heure aussi indue.

— Qui est là ? demanda-t-il un peu ému.

— C'est moi... Sidonie... Ouvrez vite.

Elle entra toute frissonnante, et, rejetant sa
sortie de bal, s'approcha du poêle où le feu achevait de mourir. Elle parla tout de suite, épancha
cette colère qui l'étranglait depuis une heure,
et pendant qu'elle racontait la scène de la
fabrique en étouffant les éclats de sa voix à
cause de la maman Delobelle endormie à côté,
le luxe de sa toilette à ce cinquième étage si
dénué et si pauvre, l'éclat blanc de sa parure
froissée parmi ces piles de chapeaux grossiers,
ces rognures de paille éparpillées dans la chambre, tout donnait bien l'impression d'un drame,
d'une de ces terribles secousses de la vie où les
rangs, les sentiments, les fortunes, se trouvent
brusquement confondus.

— Oh! je ne rentrerai plus chez moi... C'est
fini... Libre, me voilà libre !

— Mais enfin, demanda le comédien, qui donc
a pu te dénoncer à ton mari ?

— C'est Frantz. Je suis sûre que c'est Frantz.
De tout autre il ne l'aurait pas cru... Justement
hier soir il est arrivé une lettre d'Égypte... Oh!
comme il m'a traitée devant cette femme !...
M'obliger de me mettre à genoux... Mais je me
vengerai. J'ai heureusement pris de quoi me
venger avant de partir.

Et son sourire des anciens jours serpenta au
coin de sa lèvre pâle.

Le vieux cabotin écoutait tout cela avec beaucoup d'intérêt. Malgré sa compassion pour ce pauvre diable de Risler, pour Sidonie même, qui lui semblait, en style de théâtre, « une belle coupable, » il ne pouvait s'empêcher de regarder la chose à un point de vue scénique, et finit par s'écrier, emporté par sa manie :

— Quelle crâne situation tout de même, pour un cinquième acte !...

Elle ne l'entendit pas. Absorbée par quelque pensée mauvaise dont elle souriait d'avance, elle approchait du feu ses bas à jour, ses souliers fins trempés de neige.

— Ah çà, maintenant, que vas-tu faire ? demanda Delobelle au bout d'un moment.

— Rester ici jusqu'au jour... Me reposer un peu... Puis je verrai.

— C'est que je n'ai pas de lit à t'offrir, ma pauvre fille. La maman Delobelle est couchée...

— Ne vous inquiétez pas de moi, mon bon Delobelle... Je vais dormir dans ce fauteuil. Je ne suis pas gênante, allez !

Le comédien soupira.

— Ah ! oui, ce fauteuil... C'était celui de notre pauvre Zizi. Elle a veillé dedans bien des nuits, quand l'ouvrage pressait... Tiens ! décidément ceux qui s'en vont sont encore les plus heureux.

Il avait toujours à sa disposition une de ces

le jardin et les toits environnants étaient couverts, le rappela au sentiment de la réalité. Il
sentit une secousse dans tout son être et, même
avant de penser, cette vague impression de
tristesse que les malheurs oubliés laissent à leur
place. Tous les bruits connus de la fabrique, la
respiration haletante et sourde des machines,
étaient en pleine activité. Le monde existait
donc encore! Et peu à peu l'idée de responsabilité s'éveilla en lui.

— C'est pour aujourd'hui... se dit-il avec un
mouvement involontaire vers l'ombre de l'al-
côve, comme s'il avait eu envie de se replonger
dans son long sommeil.

La cloche de la fabrique sonna, puis d'autres
cloches dans le voisinage, puis les Angélus.

— Midi... Déjà!... Comme j'ai dormi!...

Il eut un peu de remords et un grand soulagement de penser que le drame de l'échéance
s'était passé sans lui. Comment avaient-ils fait
en bas? Pourquoi ne l'avait-on pas prévenu?

Il se leva, entr'ouvrit les rideaux et aperçut
Risler aîné et Sigismond causant ensemble dans
le jardin. Eux qui ne se parlaient plus depuis
si longtemps! Qu'était-il donc arrivé?... Quand
il fut prêt à descendre, il trouva Claire à la porte
de sa chambre :

— Il ne faut pas que tu sortes, lui dit-elle.

— Pourquoi?

Il eut un grand élan de tendresse, fit un pas pour se rapprocher de sa femme ; mais elle avait un visage si froid, si tristement résolu, son désespoir était si bien écrit en austère indifférence sur toute sa personne, qu'il n'osa pas la prendre sur son cœur comme il en avait envie, et murmura seulement tout bas :

— Pardon !... pardon !...

— Tu dois me trouver bien calme, dit la courageuse femme ; c'est que j'ai pleuré toutes mes larmes hier. Tu as pu croire que c'était sur notre ruine, tu te trompais. Tant qu'on est jeune et fort comme nous sommes, ces lâchetés-là ne sont pas permises. Nous sommes armés contre la misère, et nous pouvons la combattre en face... Non. Je pleurais sur notre bonheur anéanti, sur toi, sur la folie qui t'a fait perdre ta seule, ta vraie amie...

Elle était belle en parlant ainsi, plus belle que Sidonie ne l'avait jamais été, enveloppée d'une lumière pure qui semblait tomber de très haut sur elle comme les clartés d'un ciel profond et sans nuages, tandis que les traits chiffonnés de l'autre avaient toujours l'air de tirer leur éclat, leur attrait mutin et insolent, des lueurs fausses de quelque rampe de petit théâtre. Ce qu'il y avait jadis d'un peu froid et d'immobile dans la physionomie de Claire s'était animé des inquiétudes, des doutes, de toutes les

tortures de la passion; et, comme ces lingots
d'or qui n'ont leur valeur que lorsque la Mon-
naie y a mis son poinçon, ce beau visage de
femme marqué à l'effigie de la douleur avait
gardé depuis la veille une expression ineffaçable
qui complétait sa beauté.

Georges la regardait avec admiration. Elle
lui semblait plus vivante, plus femme, et ado-
rable de tout ce qu'il sentait maintenant de
séparations et d'obstacles entre eux. Le remords,
le désespoir, la honte, entrèrent dans son cœur
en même temps que ce nouvel amour, et il voulut
se mettre à genoux devant elle.

— Non, non! relève-toi, lui dit Claire; si tu
savais ce que tu me rappelles, si tu savais quel
visage menteur et plein de haine j'ai vu à mes
pieds cette nuit.

— Oh! moi, je ne mens pas... répondit
Georges en frémissant... Claire, je t'en supplie,
au nom de notre enfant!...

A ce mot on frappa à la porte :

— Lève-toi donc. Tu vois bien que la vie
nous réclame... lui dit-elle à voix basse avec un
sourire amer. Puis elle s'informa de ce qu'on
leur voulait.

C'était M. Risler qui faisait demander monsieur, en bas, dans le bureau.

— C'est bien, répondit-elle, dites qu'on descend.

52

rible. Georges était blême, ému, humilié. Il
aurait préféré cent fois se trouver en face du pis-
tolet de cet homme, à vingt pas, attendant son
feu, que de paraître devant lui en coupable non
châtié et d'être obligé de contenir ses sentiments au calme bourgeois d'une conversation
d'intérêts et d'affaires.

Risler affectait de ne pas le regarder et continuait de marcher à grands pas, tout en parlant :

— ... Notre maison passe par une crise ef-
frayante... Nous avons évité la catastrophe aujourd'hui ; seulement, ce n'est pas la dernière
échéance... Cette maudite invention m'a depuis
longtemps détourné des affaires. Heureusement
me voilà libre, et je vais pouvoir m'en occuper.
Mais il faudra que vous vous en occupiez, vous
aussi. Les ouvriers, les employés, ont un peu
suivi l'exemple des patrons. Il y a une négli-
gence, un laisser-aller, extrêmes. Ce matin, pour
la première fois depuis un an, on s'est mis à
l'ouvrage à l'heure juste. Je compte que vous
allez régulariser tout cela. Quant à moi, je vais
me remettre à mes dessins. Nos modèles ont
vieilli. Il en faut de nouveaux pour les nouvelles machines. J'ai une grande confiance en
nos *Imprimeuses*. Les expériences ont réussi au
delà de mes désirs. Nous tenons là certainement
de quoi relever notre commerce. Je ne vous l'ai

ferai à ce moment-là ne regarde que moi... Voilà
ce que j'avais à vous dire, Georges. Il faut que
vous vous occupiez de la fabrique activement,
qu'on vous voie, qu'on sente le maître présent,
et je crois que, parmi tous nos malheurs, il y en
aura de réparables.

Pendant le silence qui suivit, on entendit un
bruit de roues dans le jardin et deux grosses
voitures de déménagement vinrent s'arrêter au
perron.

— Je vous demande pardon, dit Risler, il faut
que je vous quitte un moment. Ce sont les voitures de l'Hôtel des ventes qui viennent chercher tout ce que j'ai là-haut.

— Comment ! vous vendez aussi vos meubles?... demanda Mme Fromont.

— Certes... jusqu'au dernier... Je les rends à
la maison. Ils sont à elle.

— Mais c'est impossible, dit Georges... Je ne
peux pas souffrir cela.

Risler se retourna avec un mouvement d'indignation :

— Comment dites-vous? Qu'est-ce que vous
ne souffrirez pas?

Claire l'arrêta d'un geste suppliant.

— C'est vrai... c'est vrai,... murmura-t-il ; et
il sortit bien vite pour échapper à cette tentation qui lui venait de laisser enfin déborder tout
son cœur.

Le second étage était désert. Les domestiques, renvoyés et payés dès le matin, avaient
abandonné l'appartement au désordre d'un lendemain de fête ; et il avait bien cet aspect par-
ticulier des endroits où vient de se passer un
drame, et qui restent comme en suspens entre
les événements accomplis et ceux qui vont s'ac-
complir. Les portes ouvertes, les tapis entassés
dans des coins, les plateaux chargés de verres,
les apprêts du souper, la table encore servie et
intacte, la poussière du bal sur tous les meubles,
son parfum mêlé de punch, de fleurs fanées, de
poudre de riz, tous ces détails saisirent Risler
dès en entrant.

Dans le salon bouleversé le piano était ouvert, la bacchanale d'*Orphée aux Enfers* étalée
sur le pupitre, et les tentures voyantes, drapées
sur ce désordre, les sièges renversés, effarés
pour ainsi dire, donnaient l'impression d'un
salon de paquebot naufragé, d'une de ces affreuses nuits d'alerte où l'on apprend tout à
coup, au milieu d'une fête à bord, qu'un choc a
ouvert les flancs du navire et qu'il fait eau de
toutes parts.

On commença à descendre les meubles.

Risler regardait faire les déménageurs, d'un
air détaché, comme s'il se fût trouvé chez un
étranger. Ce luxe, dont il était si heureux et si
fier autrefois, lui inspirait maintenant un insur-

poupée, sabots dorés, petits bergers et petites bergères en face les uns des autres, échangeant des regards de porcelaine, luisants et froids. C'était l'âme de Sidonie, cette étagère ; et ses pensées toujours banales, petites, vaniteuses et vides, ressemblaient à ces niaiseries. Oui, vraiment, si cette nuit, pendant qu'il la tenait, Risler dans sa fureur avait cassé cette petite tête fragile, on aurait vu rouler de là, à la place de cervelle, tout un monde de bibelots d'étagère.

Le pauvre homme pensait tristement à ces choses dans le bruit des marteaux et le va-et-vient des déménageurs, quand un petit pas tatillon et autoritaire se fit entendre derrière lui ; et M. Chèbe apparut, le tout petit M. Chèbe, rouge, essoufflé, flamboyant. Il le prit, comme toujours, de très haut avec son gendre :

— Qu'est-ce que c'est ? qu'est-ce que j'apprends ? Ah, çà ! vous déménagez donc ?

— Je ne déménage pas, monsieur Chèbe... je vends.

Le petit homme fit un bond de carpe échaudée :

— Vous vendez ? Et quoi donc ?

— Je vends tout, dit Risler d'une voix sourde, sans même le regarder.

— Voyons ! mon gendre, un peu de raison. Mon Dieu ! je ne dis pas que la conduite de

Sidonie... D'ailleurs, moi je ne sais rien. Je n'ai jamais rien voulu savoir... Seulement, je vous rappelle à la dignité. On lave son linge sale en famille, que diable ! On ne se donne pas en spectacle comme vous le faites depuis ce matin. Voyez tout ce monde aux vitres des ateliers ; et sous le porche donc !... Mais vous êtes la fable du quartier, mon cher.

— Tant mieux. Le déshonneur a été public, il faut que la réparation soit publique aussi.

Ce calme apparent, cette indifférence à toutes ses observations, exaspérèrent M. Chèbe. Il changea subitement de manières, et prit pour parler à son gendre le ton sérieux et absolu avec lequel on parle aux enfants ou aux fous :

— Eh bien ! non, vous n'avez pas le droit de rien enlever d'ici. Je m'y oppose formellement, de toute ma force d'homme, de toute mon auto-rité de père. Croyez-vous donc que je vais vous laisser mettre mon enfant sur la paille ?... Ah ! mais non... Ah ! mais non... Assez de folies comme cela ! Rien ne sortira plus de l'apparte-ment.

Et M. Chèbe, ayant fermé la porte, se planta devant d'un geste héroïque. Ah, dam ! c'est qu'il y allait de son intérêt, à lui aussi. C'est qu'une fois son enfant sur la paille, comme il disait, lui-même risquait fort de ne plus coucher sur la plume. Il était superbe dans cette atti-

force d'indignation qui fait les assassins. Que lui écrivait-elle? Quel mensonge avait-elle encore inventé? Il allait ouvrir la lettre; puis il s'arrêta. Il comprit que, s'il lisait cela, c'en était fait de tout son courage; et, se penchant vers le caissier :

— Sigismond, mon vieux, lui dit-il tout bas, veux-tu me rendre un service?

— Je crois bien!... fit le brave homme avec enthousiasme. Il était si heureux d'entendre son ami lui parler de sa bonne voix des anciens jours.

— Tiens! voilà une lettre qu'on m'écrit et que je ne veux pas lire maintenant. Je suis sûr que ça m'empêcherait de penser et de vivre. Tu vas me la garder, et puis ceci avec...

Il tira de sa poche un petit paquet soigneusement ficelé qu'il lui tendit à travers le grillage.

— C'est tout ce qui me reste du passé, tout ce qui me reste de cette femme... Je suis décidé à ne pas la voir, ni rien qui me la rappelle avant que ma besogne ici soit terminée, et bien terminée... J'ai besoin de toute ma tête, tu comprends!... C'est toi qui payeras la rente des Chèbe... Si elle-même demandait quelque chose, tu ferais le nécessaire... Mais tu ne m'en parleras jamais... Et tu garderas ce dépôt soigneusement jusqu'à ce que je te le redemande.

quand ils se parlaient seul à seul dans le bureau, Risler avait tout à coup un soubresaut, comme une vision de l'adultère passé. Il songeait que ces yeux qu'il avait là devant lui, cette bouche, tout ce visage lui avait menti dans ses mille expressions.

Alors une envie le prenait de sauter sur ce misérable, de le saisir à la gorge, de l'étrangler sans pitié ; mais la pensée de Mme Chorche était toujours là pour le retenir. Serait-il moins courageux, moins maître de lui que cette jeune femme ?... Ni Claire, ni Fromont, personne ne se doutait de ce qui se passait en lui. A peine pouvait-on deviner dans sa conduite une rigidité, une inflexibilité, qui ne lui étaient pas habituelles. Maintenant Risler aîné imposait aux ouvriers ; et ceux d'entre eux qui n'étaient pas frappés de respect devant ses cheveux blanchis en une nuit, ses traits tirés et vieillis, tremblaient sous son regard singulier, regard d'un noir bleui comme l'acier d'une arme. Toujours très bon, très doux avec les travailleurs, il était devenu redoutable pour la moindre infraction aux règlements. On aurait dit qu'il se vengeait de je ne sais quelle indulgence passée, aveugle et coupable, dont il s'accusait.

Certes, c'était un merveilleux commis que ce nouveau commis de la maison Fromont.

Grâce à lui, la cloche de la fabrique, malgré

les chevrotements de sa voix vieille et fêlée, eut bien vite repris son autorité ; et celui qui menait tout se refusait à lui-même le moindre soulagement. Sobre comme un apprenti, il laissait les trois quarts de ses appointements à Planus pour la pension des Chèbe, mais il ne s'informait jamais d'eux. Le dernier jour du mois, le petit homme arrivait ponctuellement chercher ses petits revenus, roide et majestueux avec Sigismond comme il convient à un rentier en fonctions. Mme Chèbe avait essayé de parvenir jusqu'à son gendre, qu'elle plaignait et aimait ; mais la seule apparition de son châle à palmes sous le porche faisait fuir le mari de Sidonie.

C'est que tout ce courage dont il s'armait était bien plus apparent que réel. Le souvenir de sa femme ne le quittait jamais. Qu'était-elle devenue ? Que faisait-elle ? Il en voulait presque à Planus de ne pas lui en parler. Cette lettre surtout, cette lettre qu'il avait eu le courage de ne pas ouvrir, le troublait. Il y pensait constamment. Ah ! s'il avait osé, comme il l'aurait redemandée à Sigismond !

Un jour, la tentation fut trop forte. Il se trouvait seul en bas dans le bureau. Le vieux caissier était parti déjeuner, laissant par extraordinaire la clef sur son tiroir. Risler n'y put pas résister. Il ouvrit, chercha, souleva les papiers. La lettre n'y était plus. Sigismond avait dû la serrer encore plus soigneusement, peut-être dans la prévision de ce qui arrivait en ce moment. Au fond, Risler ne fut pas fâché de ce contre-temps ; car il sentait bien que s'il avait trouvé sa lettre, c'eût été la fin de cette résignation active qu'il s'imposait si péniblement.

Toute la semaine, cela allait bien encore. L'existence était supportable, absorbée par les mille soins de la maison, et tellement fatigante, que Risler, la nuit venue, tombait sur son lit comme une masse inconsciente. Mais le dimanche lui était long et pénible. Le silence des cours, des ateliers déserts, ouvrait à sa pensée un champ plus vaste. Il essayait de travailler ; mais l'encouragement du travail des autres manquait au sien. Lui seul était occupé dans cette grande fabrique au repos, dont le souffle même s'arrêtait. Les verrous mis, les persiennes fermées, la voix sonore du père Achille jouant avec son chien dans les cours abandonnées, tout lui parlait de solitude. Et le quartier aussi lui donnait cette impression. Dans les rues élargies, où les promeneurs étaient paisibles et rares, le bruit des cloches sonnant vêpres tombait mélancoliquement, et quelquefois un écho du tumulte parisien, des roues en mouvement, un orgue attardé, la cliquette d'une marchande de plaisirs, traversaient ce silence comme pour l'augmenter encore.

avec sa petite fille, sachant par expérience ce
que la douceur des enfants a de communicatif.
La petite, qui maintenant marchait seule, glissait des bras de sa mère pour courir vers son
ami. Risler entendait ses petits pas pressés. Il
sentait ce souffle léger derrière lui, et tout de
suite il en avait l'impression rajeunissante et
calmante. Elle lui mettait de si bon cœur ses
petits bras potelés autour du cou, avec son rire
naïf et sans cause, et le baiser de sa jolie bouche
qui n'avait jamais menti ! Claire Fromont,
debout devant la porte, souriait en les regardant.

— Risler, mon ami, lui disait-elle, il faut descendre un peu au jardin... Vous travaillez trop.
Vous tomberez malade.

— Non, non, madame... Au contraire, c'est
le travail qui me sauve... Ça m'empêche de
penser...

Puis, après un long silence, elle reprenait :

— Allons ! mon bon Risler, il faut tâcher d'oublier.

Risler secouait la tête.

— Oublier !... Est-ce que c'est possible ?... Il y
a des choses au-dessus des forces. On pardonne,
mais on n'oublie pas.

Presque toujours l'enfant finissait par l'entraîner au jardin. Il fallait, bon gré mal gré,
jouer au ballon ou au sable avec elle ; mais la

cauchemar de l'échéance et la vision fatale du petit homme bleu. Mais, à force d'économies, on arriva à payer toujours.

Bientôt quatre imprimeuses Risler, définitivement installées, fonctionnèrent à la fabrique. On commençait à s'en émouvoir dans le commerce des papiers peints. Lyon, Caen, Rixheim, les grands centres de l'industrie, s'inquiétaient beaucoup de cette merveilleuse « rotative et dodécagone. » Puis un beau jour les Prochasson se présentèrent, proposant trois cent mille francs, rien que pour partager le droit au brevet.

— Que faut-il faire?... demanda Fromont jeune à Risler aîné.

Celui-ci haussa les épaules d'un air indifférent :

— Voyez, décidez... Cela ne me regarde pas. Je ne suis que le commis.

Dite froidement, sans colère, cette parole tomba sur la joie étourdie de Fromont et le rappela à la gravité d'une situation qu'il était toujours sur le point d'oublier.

Pourtant, une fois seul avec sa chère madame Chorche, Risler lui conseilla de ne pas accepter l'offre des Prochasson.

— Attendez... ne vous pressez pas. Plus tard, vous vendrez plus cher.

Il ne parlait que d'eux dans cette affaire qui

lui annoncer elle-même cette bonne nouvelle.

Pour le coup, il eut un sourire d'orgueil qui détendit son visage vieilli et assombri. Sa vanité d'inventeur, la fierté de sa gloire, surtout l'idée de réparer aussi superbement le mal fait par sa femme à la maison, lui donnèrent une minute de vrai bonheur. Il serra les mains de Claire, et murmura comme aux heureux jours d'autrefois :

— Je suis content... ~~Je suis~~ content...

Mais quelle différence d'intonation ! C'était dit sans entrain, sans espérance, avec une satisfaction de tâche accomplie, et rien de plus.

La cloche sonna pour le retour des ouvriers, et Risler monta tranquillement se mettre à l'ouvrage comme les autres jours.

Au bout d'un moment, il redescendit. Malgré tout, cette nouvelle l'avait plus agité qu'il ne voulait le laisser paraître. Il errait dans le jardin, rôdait autour de la caisse, souriant tristement au père Planus à travers les vitres.

— Qu'est-ce qu'il a ? se demandait le vieux bonhomme... Qu'est-ce qu'il me veut ?

Enfin, le soir venu, au moment de fermer le bureau, l'autre se décida à entrer et à lui parler :

— Planus, mon vieux, je voudrais...

Il hésita un peu.

— Je voudrais que tu me donnes... la lettre, tu sais ! la petite lettre, avec le paquet.

Sigismond le regarda, stupéfait. Naïvement, il s'était imaginé que Risler ne songeait plus à Sidonie, qu'il l'avait tout à fait oubliée.

— Comment !... tu veux ?...

— Ah ! écoute, je l'ai bien gagné. Je peux bien penser un peu à moi maintenant. J'ai assez pensé aux autres.

— Tu as raison, dit Planus. Eh bien ! voici ce que nous allons faire. La lettre et le paquet sont chez moi, à Montrouge. Si tu veux, nous irons dîner tous deux au Palais-Royal, tu te rappelles, comme au bon temps. C'est moi qui régale... Nous arroserons ta médaille avec du vin cacheté, quelque chose de fin !... Ensuite nous monterons ensemble à la maison. Tu prendras tes bibelots ; et, si c'est trop tard pour rentrer, Mlle Planus, ma sœur, te fera un lit et tu coucheras chez nous... On est bien, là-bas... c'est la campagne... Demain matin, à sept heures, nous reviendrons ensemble à la fabrique par le premier omnibus... Allons, pays, fais-moi ce plaisir. Sans cela, je croirai que tu en veux toujours à ton vieux Sigismond...

Risler accepta. Il ne songeait guère à fêter sa médaille, mais à ouvrir quelques heures plus tôt cette petite lettre qu'il avait enfin conquis le droit de lire.

promeneurs et l'aigrette du jet d'eau entre les deux carrés de parterre mélancoliques. Pour Sigismond, c'était l'idéal du luxe, cette salle de restaurant, avec de l'or partout, autour des glaces, dans le lustre et jusque sur la tenture en papier gaufré. La serviette blanche, le petit pain, la carte d'un dîner à prix fixe le remplissaient de joie.

— Nous sommes bien, n'est-ce pas ?... disait-il à Risler.

Puis, à chacun des plats de ce régal à deux francs cinquante, il s'exclamait, remplissait de force l'assiette de son ami :

— Mange de ça..., c'est bon.

L'autre, malgré son désir de faire honneur à la fête, semblait préoccupé et regardait toujours par la fenêtre.

— Te rappelles-tu, Sigismond ?... fit-il au bout d'un moment.

Le vieux caissier, tout à ses souvenirs d'autrefois, aux débuts de Risler à la fabrique, répondit :

— Je crois bien que je me rappelle... Tiens ! la première fois que nous avons dîné ensemble au Palais-Royal, c'était en février 46, l'année où on a installé les planches-plates à la maison.

Risler secoua la tête :

— Oh ! non..., moi je parle d'il y a trois ans...

il aurait le droit d'en parler, il réglerait sa vie future; et, dans un de ces avenirs lointains qui ont l'indécision du rêve, il se voyait parfois s'exilant avec les Chèbe au fond de quelque pays bien ignoré où rien ne lui rappellerait la honte passée. Ce n'était pas un projet, certes ; mais cela vivait au fond de son esprit comme un espoir et ce besoin qu'ont tous les êtres de se reprendre au bonheur.

— Est-ce qu'elle est à Paris?... demanda-t-il après quelques instants de réflexion.

— Non... Elle est partie il y a trois mois. On ne sait pas où elle est allée.

Sigismond n'ajouta pas qu'elle était partie avec son Cazaboni dont elle portait le nom maintenant, qu'ils couraient ensemble les villes de province, que sa mère était désolée, ne la voyait plus et n'avait plus de ses nouvelles que par Delobelle. Sigismond ne crut devoir rien dire de tout cela, et après son dernier mot : « Elle est partie, » il se tut.

Risler, de son côté, n'osait plus rien demander.

Pendant qu'ils étaient là, en face l'un de l'autre, assez embarrassés de ce long silence, la musique militaire éclata sous les arbres du jardin. On jouait une de ces ouvertures d'opéra italien qui semblent faites pour le plein ciel des promenades publiques, et dont les notes nom-

breuses se mêlent, en montant dans l'air, aux
« psst !... psst !... » des hirondelles, à l'élan perlé
du jet d'eau. Les cuivres éclatants font bien
ressortir la douceur tiède de ces fins de journées d'été, si accablées, si longues à Paris ; il
semble qu'on n'entend plus qu'eux. Les roues
lointaines, les cris des enfants qui jouent, les
pas des promeneurs, sont emportés dans ces
ondes sonores, jaillissantes et rafraîchissantes,
aussi utiles aux Parisiens que l'arrosement
journalier de leurs promenades. Tout autour,
les fleurs fatiguées, les arbres blancs de poussière, les visages que la chaleur rend pâles et
mats, toutes les tristesses, toutes les misères
d'une grande ville courbées et songeuses sur
les bancs du jardin, en reçoivent une impression
de soulagement et de réconfort. L'air est remué,
renouvelé par ces accords qui le traversent en
le remplissant d'harmonie.

Le pauvre Risler éprouva comme une détente
de tous ses nerfs.

— Ça fait du bien, un peu de musique...
disait-il avec des yeux brillants ; et il ajouta en
baissant la voix :

— J'ai le cœur gros, mon vieux... Si tu savais !...

Ils restèrent sans parler, accoudés à la fenêtre,
pendant qu'on leur servait le café.

Puis la musique cessa, le jardin devint désert.

La lumière attardée aux angles remonta vers les toits, mit ses derniers rayons aux vitres les plus hautes, suivie par les oiseaux, les hirondelles qui, de la gouttière où elles se serraient les unes contre les autres, saluèrent d'un dernier gazouillement le jour qui finissait.

— Voyons !... Où allons-nous ? dit Planus en sortant du restaurant.

— Où tu voudras...

Il y avait là tout près, à un premier étage de la rue Montpensier, un café chantant où on voyait entrer beaucoup de monde.

— Si nous montions ?... demanda Planus, qui voulait dissiper à tout prix la tristesse de son ami..., la bière est excellente.

Risler se laissa entraîner ; depuis six mois il n'avait pas bu de bière.

C'était un ancien restaurant transformé en salle de concert. Trois grandes pièces, dont on avait abattu les cloisons, se suivaient, soutenues et séparées par des colonnes dorées, une décoration mauresque, rouge vif, bleu tendre, avec de petits croissants et des turbans roulés en ornement.

Quoiqu'il fût encore de bonne heure, tout était plein ; et l'on étouffait, même avant d'entrer, rien qu'en voyant cet entassement de gens assis autour des tables, et tout au fond, à demi cachées par la suite des colonnes, ces femmes empilées sur une estrade, parées de blanc, dans la chaleur et l'éblouissement du gaz.

Nos deux amis eurent beaucoup de peine à se caser, et encore derrière une colonne d'où ils ne pouvaient voir qu'une moitié de l'estrade, occupée en ce moment par un superbe monsieur en habit noir et en gants jaunes, frisé, ciré, pommadé, qui chantait d'une voix vibrante :

> Mes beaux lions aux crins dorés
> Du sang des troupeaux altérés,
> Halte-là !... Je fais *sentinellô!*...

Le public — des petits commerçants du quartier avec leurs dames et leurs demoiselles — paraissait enthousiasmé ; les femmes surtout. Il était si bien l'idéal des imaginations de boutique, ce magnifique berger du désert qui parlait aux lions avec cette autorité et gardait son troupeau en tenue de soirée ! Aussi, malgré leur allure bourgeoise, leurs toilettes modestes et la banalité de leur sourire de comptoir, toutes ces dames, tendant leurs petits becs vers l'hameçon du sentiment, roulaient des yeux langoureux du côté du chanteur. Le comique était de voir ce regard à l'estrade se transformer tout à coup, devenir méprisant et féroce en tombant sur le mari, le pauvre mari en train de boire tranquillement une chope vis-à-vis de sa femme :

« Ce n'est pas toi qui serais capable de faire
sentinelle à la barbe des lions et en habit noir
encore, et avec des gants jaunes !... »

Et l'œil du mari avait bien l'air de répondre :

— Ah, dam ! oui, c'est un gaillard, celui-là.

Assez indifférents à ce genre d'héroïsme,
Risler et Sigismond savouraient leur bière sans
prêter une grande attention à la musique, quand,
la romance finie, dans les applaudissements, les
cris, le brouhaha, qui suivirent, le père Planus
poussa une exclamation :

— Tiens ! c'est drôle... on dirait... mais oui,
je ne me trompe pas... C'est lui, c'est Delobelle !

C'était, en effet, l'illustre comédien, qu'il venait de découvrir là-bas, au premier rang près
de l'estrade. Sa tête grisonnante apparaissait de
trois quarts. Négligemment il s'appuyait à une
colonne, le chapeau à la main, dans sa grande
tenue des *premières :* linge éblouissant, frisure
au petit fer, habit noir piqué d'un camélia à la
boutonnière comme d'une décoration. Il regardait de temps en temps la foule d'un air tout à
fait supérieur ; mais c'est vers l'estrade qu'il se
tournait le plus souvent, avec des mines aima-
bles, des petits sourires encourageants, des applaudissements simulés, adressés à quelqu'un
que, de sa place, le père Planus ne pouvait pas
voir.

La présence de l'illustre Delobelle dans un café-concert n'avait rien de bien extraordinaire, puisqu'il passait toutes ses soirées dehors; pourtant le vieux caissier en ressentit un certain trouble, surtout quand il aperçut au même rang de spectateurs une capote bleue et des yeux d'acier. C'était Mme Dobson, la sentimentale maîtresse de chant. Dans la fumée des pipes et la confusion de la foule, ces deux physionomies rapprochées l'une de l'autre faisaient à Sigismond l'effet de deux apparitions, comme en évoquent les coïncidences d'un mauvais rêve. Il eut peur pour son ami, sans savoir précisément de quoi; et tout de suite l'idée lui vint de l'emmener :

— Allons-nous-en, Risler... On meurt de chaud ici.

Au moment où ils se levaient, — car Risler ne tenait pas plus à rester là qu'à partir, — l'orchestre, composé d'un piano et de quelques violons, commença une ritournelle bizarre. Il se fit dans la salle un mouvement de curiosité. On criait : « Chut !... Chut !... Assis ! »

Ils furent obligés de reprendre leurs places. D'ailleurs Risler commençait à être troublé.

— Je connais cet air-là, se disait-il. Où l'ai-je entendu?

Un tonnerre d'applaudissements et une exclamation de Planus lui firent lever les yeux.

vagues de Montsouris, vastes terrains brûlés et
pelés par le souffle de feu que Paris répand
autour de son travail journalier, comme un
dragon gigantesque dont l'haleine de fumée,
de vapeur, ne souffre aucune végétation à sa
portée.

De Montsouris aux fortifications de Montrouge il n'y a qu'un pas. Une fois là, Planus
n'eut pas grand'peine à entraîner son ami chez
lui. Il pensait avec raison que son intérieur
calme, le spectacle d'une amitié fraternelle,
paisible et dévouée, mettrait au cœur de cet
infortuné comme un avant-goût du bonheur
qui l'attendait près de son frère Frantz. Et, en
effet, à peine étaient-ils entrés, que le charme
de la petite maison opérait déjà.

— Oui, oui, tu as raison, mon vieux, disait
Risler en marchant à grands pas dans la salle
basse, il ne faut plus que je pense à cette
femme. C'est comme une morte pour moi maintenant. Je n'ai plus que mon petit Frantz au
monde... Je ne sais pas encore si je le ferai
revenir ou si j'irai le rejoindre ; ce qu'il y a de
sûr, c'est que nous allons rester ensemble... Moi
qui désirais tant avoir un fils ! Le voilà tout
trouvé, mon fils. Je n'en veux pas d'autre.
Quand je pense que j'ai eu un instant l'idée de
mourir... Allons donc ! Elle en serait bien trop
heureuse, madame Chose, là-bas !... Je veux

à la bonne tenue de l'endroit. Sur les planches formant bibliothèque quelques livres étaient rangés : *Le Manuel du pêcheur à la ligne, La Parfaite ménagère à la campagne, Les Comptes faits de Barême.* C'était toute la partie intelligente de l'appartement.

Le père Planus regardait autour de lui fièrement. Le verre d'eau se trouvait à sa place sur la table en noyer, la boîte à rasoir sur la toilette.

— Tu vois, Risler... il y a tout ce qu'il faut... D'ailleurs, si tu manquais de quelque chose, les clefs sont à tous les meubles... tu n'as qu'à ouvrir... Et regarde quelle belle vue on a d'ici... Il fait un peu noir en ce moment ; mais demain matin, en t'éveillant, tu verras, c'est magnifique. »

Il ouvrit la fenêtre. De grosses gouttes de pluie commençaient à tomber, et des éclairs déchirant la nuit montraient la longue ligne silencieuse des talus qui s'étendaient au loin, avec des poteaux télégraphiques de place en place ou la porte sombre d'une casemate. Par intervalles, le pas d'une patrouille sur le chemin de ronde, le cliquetis d'un fusil ou d'un sabre, rappelaient qu'on se trouvait dans la zone militaire. C'était cela l'horizon tant vanté de Planus, horizon mélancolique s'il en fut.

— Et maintenant, bonsoir !... Dors bien.

pour cela que Risler avait gardé cette photo-
graphie, comme un souvenir, non pas de sa
femme, mais de la « petite. »

Sigismond était consterné :

— C'est ma faute, se disait-il... J'aurais dû
retirer les clefs... Mais qui se serait douté qu'il
y pensait encore ?... Il m'avait tant juré que
cette femme n'existait plus pour lui.

A ce moment M¹¹ᵉ Planus entra, le visage
bouleversé.

— Monsieur Risler est parti... fit-elle.

— Parti ?... La porte du jardin n'était donc
pas fermée ?

— Il a passé par-dessus le mur... On voit les
marques.

Ils se regardèrent, terrifiés.

Planus pensait : « C'est la lettre !... »

Évidemment cette lettre de sa femme avait
dû apparaître à Risler quelque chose d'extraordinaire ; et pour ne pas réveiller ses hôtes, il
s'était sauvé sans bruit, par la fenêtre, comme
un voleur. Pourquoi ? Dans quel but ?

— Vous verrez, ma sœur, disait le pauvre
Planus en achevant de s'habiller à la hâte, vous
verrez que cette coquine lui aura joué encore
quelque tour. Et comme la vieille fille essayait
de le rassurer, le brave homme en revenait toujours à son motif favori :

— *Chai bas gonfianze !...* Puis, sitôt prêt, il s'élança dehors.

Sur la terre détrempée par la grosse pluie de la nuit, les pas de Risler s'apercevaient jusqu'à la porte du petit jardin. Il avait dû partir avant le jour, car les carrés de légumes et les bordures de fleurs étaient défoncés au hasard par des traces creuses, espacées en de longues enjambées ; le mur du fond avait des éraflures blanches, un léger éboulement au faîte. Le frère et la sœur sortirent sur le chemin de cein-ture. Ici la marque des pas devenait impossible à suivre. On voyait pourtant que Risler était allé dans la direction de la route d'Orléans.

— Au fait, hasarda Mlle Planus, nous sommes bien bons de nous tourmenter ; il est peut-être retourné à la fabrique tout simplement.

Sigismond secoua la tête. Ah ! s'il avait dit tout ce qu'il pensait !

— Allons ! rentrez, ma sœur... Je vais voir...

— Et le vieux *Chai bas gonfianze* partit en coup de vent, sa crinière blanche encore plus hérissée que d'habitude.

A cette heure-là, sur la route de ceinture, c'était un va-et-vient de soldats, de maraîchers, la garde montante, des chevaux d'officiers qu'on promenait, des cantiniers avec leur équi-page, tout le train, tout le mouvement qui se fait le matin autour des forts. Planus s'en allait

prit des mains et la passa à Sigismond, toujours agenouillé :

— Voyez, monsieur ! C'est peut-être une dernière volonté à remplir.

Sigismond Planus se leva. Comme la pièce était sombre, il s'approcha de la croisée en chancelant, et lut, les yeux brouillés de larmes :

« ... Eh bien ! oui, je t'aime, je t'aime... Plus que jamais et pour toujours... A quoi bon lutter et nous débattre ?... Notre crime est plus fort que nous. . . . .

. . . . »

C'était la lettre que Frantz avait écrite à sa belle-sœur un an auparavant, et que Sidonie avait envoyée à son mari le lendemain de leur scène pour se venger de lui et de son frère en même temps.

Risler aurait pu survivre à la trahison de sa femme, mais la trahison de son frère l'avait tué du coup.

Quand Sigismond eut compris, il resta atterré... Il était là, la lettre à la main, regardant machinalement devant lui par cette fenêtre grande ouverte.

Six heures sonnaient.

Là-bas, au-dessus de Paris qu'on entendait gronder sans le voir, une buée s'élevait, lourde, chaude, lentement remuée, frangée au bord de rouge et de noir comme un nuage de poudre sur un champ de bataille... Peu à peu des clochers, des façades blanches, l'or d'une coupole, se dégagèrent du brouillard, éclatèrent en une splendeur de réveil. Puis, dans la direction du vent, les mille cheminées d'usines, levées sur ce moutonnement de toits groupés, se mirent à souffler à la fois leur vapeur haletante avec une activité de steamer au départ... La vie recommençait... Machine, en avant ! Et tant pis pour qui reste en route !...

Alors le vieux Planus eut un mouvement d'indignation terrible :

— Ah ! coquine... coquine !... criait-il en brandissant son poing ; et l'on ne savait pas si c'était à la femme ou à la ville qu'il parlait.

TABLE

—

REESE LIBRARY
OF THE
UNIVERSITY
OF
CALIFORNIA.

Achevé d'imprimer

Le vingt novembre mil huit cent quatre-vingt-trois

PAR CHARLES UNSINGER

POUR

ALPHONSE LEMERRE, ÉDITEUR

A PARIS

14 DAY USE

RETURN TO DESK FROM WHICH BORROW

LOAN DEPT.

This book is due on the last date stamped below,
on the date to which renewed.
Renewed books are subject to immediate recall.

renewed till
May 6th 57

RECEIVED

DEC 16 '66 -11 AM

LOAN DEPT.

renewed one june
till June 6th 57

on Sat May 4th 57
M.L.

Due end of FALL Quarter — OCT 12 '70

subject to recall after —

renewed
please till
July 6th 57
(or June 6th 57)

OCT 6 '70 -11 AM 2 6

DEC 2 7 1966 14

CPSIA information can be obtained at www.ICGtesting.com
Printed in the USA
BVOW06s1018171114

375440BV00006B/47/P

9 781272 167059